図書館ウォーカー

旅のついでに図書館へ

オラシオ

日外アソシエーツ

装丁・中扉イラスト：齊藤　一絵

旅のついでに図書館を楽しむために

旅に出た。運転免許を持っていないので、鉄道とバスを乗り継ぐ旅になる。運行本数の少ない地方だからか、乗り継ぎ時間が小一時間ほど空いてしまった。さてどうしよう。ある人は個人経営の喫茶店を探すかもしれない。また別の人は前もって企画展を調べておいた博物館や美術館に行くのだろう。ひょっとしたらあてもなくぶらぶらと街歩きする人もいるのかも。でも私なら、その街の図書館に行く。だって私は、旅のついでに図書館を訪ねる「図書館ウォーカー」なのだから。本書にはそんな旅の数々が収録されている。

この時点で「旅先で図書館に行っていったい何をするんですか？」と訊きたくなった方もいらっしゃるだろう。また実際に旅先でも「なぜ旅行者が図書館に来たの？」という反応をされることも多かった。まあそうですよね。私も最初は「旅のさなかに図書館に行ってもやることがない」と思っていた。基本的に図書館では、よそから来た旅行者は本を借りられない。その館でしかできないような特別な調べものでもない限り、滞在時間もせいぜい30分どまりだろう。詰んだ。ところが私はいくつもの旅を経て、1冊も本を借りられなくても、むしろ旅先で図書館を訪ねるほうが、よりこの施設を楽しめるのかもしれないと考えるようになったのだ。

いちばんわかりやすい例は建築や内装などのデザイン面だろう。予備知識も必要なく、自分の感覚で楽しめばいい。世評が高い名建築でなくても、細部の意匠や備品などに魅力を感じることもある。こうした図書館の楽しみ方は写真メインのウェブ記事などで広まり、かなり一般的になったように思う。一方で私は、図書館が「地域密着型施設」であることに注目している。図書館は基本的に地元の人が普段使いする公共施設なので、観光展開されていない住宅街など住民が通いやすい立地になっていることのほうが多い。利用者も近くに住んでいる普段着の人たちだ。つまりその土地の日常の空気感を味わいやすい。これは博物館や美術館など外部の人向けの施設にはない魅力だと私は思っている。

また最初に触れたように、私は運転免許を持っていない。必然的に旅先の移動を公共交通に頼らざるを得なくなる。だが、これがまた楽しい。公共交通を利用するということは、鉄道駅やバス停から図書館まで歩いて行くということでもある。徒歩のスピードでゆっくり街を眺めると、気候や地理的条件、風土などに根ざした街づくりの個性が浮かび上がって見えてくる。図書館に着くと、郷土コーナーの蔵書や館内外のデザインにその地域の特性が反映されていることもある。最近は観光パンフレットやご当地系イベントのチラシを配布している館も多く、そうした情報をチェックすればその旅の「これから」をより充実させてくれるだろう。個人的には、知らない街をあてもなくぶらつくより、図書館を目的地に設定して散策するほうが、短時間で充実した街歩きになるように感じる。私は「この街で生まれ育ったらどんな青春を送るのかなあ」なんて想像しながら図書館への道を歩くことが多く、そうしたイマジネーションを生んでくれるのも図書館ウォーカーという楽しみの醍醐味だ。

本書は、私が住む青森県の津軽地方で発行されている新聞「陸奥新報」の連載が元になっている。ご依頼をいただいた直後の打ち合わせで、担当記者からまず提案されたのは「オラシオさんは元・図書館員なので、何か図書館に関することを書いてください」だった。その時すぐに頭に思い浮かんだのが、これまで旅先で訪ねてきた図書館や旅そのものをつづるエッセイというコンセプトだ。ほとんど考えることなくその案が出たのは、旅のついでに図書館を訪ねたたくさんの思い出が私にとってほんとうに楽しい時間で、その楽しさを何かの形で書けたらいいな、もっといろんな人に知って欲しいなとずっと心のどこかで思い続けていたからなのだろう。

本書に収録した旅の数々では、絶景やグルメ、人との出会いなど旅そのものについてはもちろん、旅のさなかで感じたことや、音楽ライターというもう一つの立場から見えたものなど、いくつもの寄り道をしながら図書館にたどり着く。図書館は、人と情報全般（つまりあらゆるものごと）をつなげる役割を担う施設なので、図書館へとつながるストーリーもいろいろあっていいのかな、と思いながら書いている。旅の合間のひと休み的なコラムも4つ書き下ろしてみた。青森県内の読者に向けた表現も残してあるので、ローカルメディアの雰囲気も味わっていただけると嬉しい。

本書はいわゆる「図書館ガイド」とは違い旅行者目線のエッセイなので、各館データ欄には公共交通を利用したアクセス情報や休館日・開館時間、近隣エリアのおすすめスポットなど旅に役立つ情報を掲載し、逆に蔵書数や入館者数など旅行者にとってあまり意味のないデータは省いた。ご紹介した中には図書館の他、公民館図書室や図書コーナーなども含まれているが、旅行者も無料で利用できるという点では共通している。掲載した写真は必ずしも天気や構図が良いとは言えないものも多いが、旅する感覚をよりリアルに味わっていただくために、旅のさなかで実際に撮影してきたものを採用した。

さあみなさん、旅のついでに図書館へ行ってみませんか？

目次

〈注記〉

・本書に掲載されている開館時間、休館日などのデータは2022年10月現在のものです。天候・社会情勢等により急遽変更される場合がありますので、事前にご確認ください。

・各ページのデータ項目にある記号は、交＝公共交通を使ったアクセス情報、住＝住所、開＝開館時間、休＝休館日、近＝近くのおすすめスポットです。所要時間は目安、また休館日は祝日・休日と重なるときは開館し、翌日休館の場合が多くなっていますのでご注意ください。

a library walker in HOKKAIDO

北海道

島牧村若者総合スポーツセンター図書室（北海道）

旅先で図書館を訪れることが多い。こうして仕事にもしているのだが、自分にいくつかルールを課している。その中の一つが、例え取材目的でも館内の撮影はしないということ。元図書館員なので現場に迷惑をかけたくないのだ。

例えば「絶景図書館」のような企画は数字がとれそうに思うが、館内からの眺望を公開することで撮影希望者が続出すると、図書館業務に影響が及ぶかもしれない。館内撮影は基本的に許可制だが、許可さえとればどんどんやってくれという意味ではなく、できればやめて欲しいというのが本音。

また無料で誰でも利用できるという図書館の心理的なハードルの低さは残念ながら悪意を持つ人にとっても同じ。図書館員は迷惑利用者の存在にいつも神経を尖らせている。盗撮のおそれもあるし、個人情報の保護のため他の利用者が写った写真をSNSに投稿するのもNG行為。その辺の事情もあり、撮影希望者に対する対応はなかなか難しいのだ。

とは言え、なりゆきで撮影をさせていただくこともある。ある年の10月に、北海道後志地方の日本海沿岸エリアを旅した時のこと。最近「文献調査」問題で巷を賑わせた寿都町のすぐ南に、島牧村という自治体がある。寿都からのバスは1日3～4本で、公共交通で訪れるのはなかなか困難な村だ。

寿都から北側の岩内町に戻るバスまでかなり時間が空いたのだが、島牧村までバスで往復するとちょうど時間がつぶせる。滞在時間約20分の島牧旅に行くことにした。陽が沈みゆく海岸線の車窓風景は、今も時々思い出す美しさ。騒がしかった地元の学生たちが乗車後ピタッと黙ったのも印象的だった。

オレンジに染まる海に注ぐ千走川の河口部分に、若者総合スポーツセンターが建つ。外観は完全に体

スポーツセンター横を流れる千走川の河口

なりゆきで撮らせていただいた
図書室からの海

育館なのだが、この2階に図書室があるという。コロナ対策のため受付で住所や電話番号を書くことに。よそ者などほぼ来ない施設だからか、受付の女性がかなり驚き「村外の人は使えませんよ」と仰る。

村のホームページで利用制限が解除されたことを確認済みだ。その旨を話しているうちに誤解に気がついた。彼女の言う利用は「本を借りる」という意味なのだ。勢いで、取材目的だから本は借りないと言ってしまう。女性はまた驚きつつ、とても喜んで図書室まで案内してくださった。

室内で遊ぶ子どもたちに珍獣でもやって来たかのように見られつつ、窓からの絶景に釘付けになる。砂浜横の高台にあるので海がものすごく近い。職員さんや受付の女性が「写真撮るでしょ？」と仰るので、マイルールを破って撮影させていただいた。

日本で一番海に近い館の一つかもと言うと、受付の女性がまた大喜び。ああ、帰りのバスまであと数分だ。今度はゆっくりするぞと誓いつつ、建物を飛び出したのだった。

ニセコバス島牧線の車窓風景

交 ニセコバス島牧線スポーツセンター前バス停から徒歩1分
住 〒048-0623 北海道島牧郡島牧村江ノ島245
開 13時～22時（要確認）
休 月曜、年末年始
近 バス車窓からの海の絶景、村内各地の温泉旅館

新冠《にいかっぷ》町レ・コード館図書プラザ（北海道）

海すれすれを走る絶景鉄道路線として知られたJR日高本線のうち鵡川以南、様似駅までの区間は2021年3月いっぱいで運行を停止、廃線に。沿線自治体の一つ新冠町には、同路線内でいちばんの有名駅と言える大狩部駅があった。俗に言う「秘境駅」だ。周辺には家が数件の集落があるのみ。同駅は沿線のほとんどが海と丘陵地帯に挟まれた中でも最も海に近い。線路の向こうはすぐ海で、強風対策なのか待合室は頑丈なブロック塀造り。駅の少し先に廃線の要因になった2015年大波被害の傷跡が見える。土台がさらわれレールがぐにゃぐにゃのまま残っている。

ところで秘境駅というカテゴリ、元はと言えば牛山隆信さんという鉄道ファンの男性が考え出したもの。言葉自体はその前からあったようだが、ブームにまで発展させたのは間違いなく彼の功績だ。一人のイノベイターや爆発的なヒット作品などが生まれると付随して「経済効果」なるものが発生するが、「牛山効果」っていくらくらいになるのか。ここ最近日本の各地を旅していて、特にディープな鉄道ファンではないように見える人も秘境駅を訪ねたり写真を撮影したりしているのを目にする。

実際私も、先に書いた大狩部駅の海の眺めを楽しみに廃線前にこの一帯を訪ね、宿泊や飲食、おみやげを買ったりしているわけだ。ほとんど利用客もなくさびれた場所でしかなかった秘境駅が、それを目当てに人が来る観光スポットへと変化する。その経済効果は絶大なものがある。

とは言え新冠町には秘境駅ブーム以前の1997年から異彩を放つ観光スポットが存在した。図書プラザも併設する複合文化施設「レ・コード館」だ。名称から想像できる通りアナログレコードを収集保存する文化施設で、建設当初に掲げた百万枚所蔵を達成し現在は収集活動をストップしているらしい。無料で見学できるエリアにも大量のレコードや再生機器が展示されているが、有料プランのみのコーナーなどもありいろんな楽しみ方ができるようだ。

図書プラザは小ぢんまりとしながらも背の高い書架が並び、所蔵点数は予想よりしっかりしている印象。楽譜がたくさんあるのがなるほどなあと思った。地元の男性利用客が図書館員と親し気に話していて、愛される街の図書館という感じ。視聴覚資料の試聴席には当然レコードプレイヤーもあった。

道の駅やレストランもあるこの施設、もう一つの目玉は無料で上がれる地上40メートル弱の展望塔だ。海も山も見渡せかなりの絶景なので必ず行こう。施設内ショップで新冠がピーマンの産地だと知る。購入したピーマンチップス、あっさり味で気に入ったのでまた行って買いたい。廃線後もきっと、この街の魅力は変わらないはず。今度は丘の上のホテルに泊まって、もっとのんびり街歩きしたい。

かわいい家が並ぶ新冠本町

展望塔からの絶景

今はもう立入禁止の大狩部駅

交道南バス（苫小牧静内間各線・高速ペガサス号）、JR北海道バス（高速えりも号・高速とまも号）新冠バス停から徒歩１分
住〒059-2402 北海道新冠郡新冠町字中央町1-4
開水曜10時～ 20時、水曜以外10時～ 18時
休月曜、祝祭日の翌日、年末年始
近新冠温泉ホテルヒルズ、大狩部駅跡

稚内市立図書館
（北海道）

ひとくちに「図書館」と言ってもそのありようは実に多種多様。蔵書数やサービス面と言った専門的な個性もあれば、建築デザインや眺望、地理的条件などもある。そんな中で最もわかりやすくインパクトがあるのが東西南北だと思う。今回はそのうち日本最北の図書館をご紹介したい。さて、どこかおわかりだろうか。稚内市立図書館だ。私は礼文島のほうが北にあると思い込んでいた。だが栄冠は稚内市に輝く。ちなみに礼文町のＢＯＯＫ愛ランドれぶんは書店と図書室が合体した施設らしい。いつか行きたい候補の一つだ。また地図アプリで見たところ日本最北の村として知られる猿払村の農村環境改善センター図書室のほうが礼文より北かもしれない。こちらはバスの接続の関係で訪問するのがかなり難しい。もちろんいつか行くけれども。

はじめて稚内を訪ねたのは、20年ほど前に大学時代の友人の結婚披露宴出席のため帯広に行った時。ついでと言うには離れすぎているが、初北海道でもあったので行ってみたくなったのだろう。その時の記憶はほとんど残っていない。しかし強烈な印象だったのは海だ。有名観光スポット北防波堤ドームの上から眺めた夜の海は、黒い闇が不気味にうねっていて軽く恐怖をおぼえた。もう一つほのぼのする思い出も。稚内駅で前を歩く中学生くらいの少年がドアを開けて通してくれたのだ。こんないい子が育つ街はいい街に決まっている、と単純に感激した。

いかにも終着駅という風情だった稚内駅舎は２０１１年に改築され鉄道駅、道の駅、バスターミナルに映画館などいくつもの役割を兼ねた現代的なビルに生まれ変わった。駅舎と言えば、稚内駅から南に二つ先の超有名秘境駅「抜海」はＪＲ北海道の２０２３年度の廃止計画に挙がっていたが存続が決

北防波堤ドームから見る海。夜は怖い

エントランスに続く長い通路

まった。百万円以上かかるという管理維持費を稚内市が負担するそうだ。実は稚内市には対照的なムードの2つの「中心部」がある。稚内駅のそれは言わば観光客用の街づくりだ。対して一つ隣の南稚内駅周辺はどことなく生活感が漂い、ファミレスやショッピングモールが立ち並ぶ。

稚内市立図書館は南稚内駅から徒歩で10分弱の場所に建つ。最近は珍しくなった回転ドアを通って図書館内に入ると、広々としたエントランスホールが。連子で仕切られた向こうにある図書閲覧室は採光と照明がバランス良く配置され、いい塩梅に明るい。雑誌コーナー上の天井にある照明の花を模したシェードも楽しい。清潔感と解放感がある設計は子育て世帯向けの気がした。最北の街はちゃんとこれからの世代を見ている。ドアを開けてくれたあの親切な少年も、まだ稚内に住んでいてこの図書館を利用していたら嬉しいな。

JR 抜海駅。日本最北の「秘境駅」かつ木造駅舎

交 JR宗谷本線南稚内駅から徒歩10分
住 〒097-0005 北海道稚内市大黒4-1-1
開 平日10時～ 20時、土日祝10時～ 18時
休 月曜、最終木曜、年末年始
近 稚内港北防波堤ドーム、相沢食料百貨店

column 01 移住体験で利尻島図書室めぐり

利尻富士町役場

旅のついでに図書館を訪ねていると時々、もっとゆっくりしたいと後ろ髪を引かれる館に出合う。移住体験企画なら、他の街の図書館をのんびり使えるのでは。そこで見つけたのが北海道利尻島の「利尻富士町」が令和3年度から実施するワーケーション・お試し暮らし事業だ。

ワーケーション希望者も対象のため、本気で移住を考えていなくても気軽に誰でも島暮らしが体験できる。宿泊費も非常に安価で、条件と言えばSNSを利用して滞在の様子を発信することくらい。同事業の担当者で、地域おこし協力隊の梅村みゆきさん曰く「例えば滞在した写真家さんが利尻の写真集を作るなど町や島のことをいろんな方法で発信してくれるので、必ずしも移住に直結しなくてもいいのです。島に関わってくれる人が増えていくことが大切だと考えています」。つながり作りと情報拡散に重きを置く現代的な方針だ。利尻富士町は移住政策において最先端を走っている自治体だと思う。

離島生活にも興味があったので9月上旬に1週間ほど滞在することにした。宿泊施設のコンドミニアム「旅番屋」は島の中心地、鴛泊に建つ。広くはないが日常生活に必要なものが巧みに配置されたきれいな部屋で、海沿いの高台にあるため窓から海の眺めを独り占め。朝には

利尻富士町役場内図書室の様子

曜日を決めて行っているウニ漁の様子も楽しめた。

鴛泊は坂が多く波打つ地形で、あまり建物が密集しておらずどことなく間延びした感じの街だ。徒歩1分の場所には全店中No.1の売り上げを誇るという強力な品揃えのセイコーマートがあり自炊中心の食生活を支えてくれた。梅村さんが「鴛泊はレベル高いです」と自賛する飲食店の数々も徒歩圏内で外食も楽しんだ。フェリーターミナルやペシ岬、夕日ヶ丘展望台などの名所も気軽に歩いて行ける。長い坂を上ることになるが良質な温泉もあり、滞在中何度も入った。

図書室は、旅番屋から徒歩10分ほどの街の端に建つ町役場の1階ロビーにある。オープンスペース方式で書架やソファが並び、予想より蔵書数は多かったものの新刊購入はほぼないように見えた。地元の人ぶって数回通い、島関係の本をじっくり読ませてもらう。窓からは海が遠望でき、庁舎を出れば目の前に利尻富士。いわゆる「絶景図書館」だ。蔵書の質で頑張っていたのは町南部にある鬼脇公民館図書室だ。駐車場横の坂の下に海が見える立地で、旬の新着本も面置き展開し、狭い室内にぎっしり詰め込まれた蔵書に「やる気」がうかがえる。役場の図書室にも「鬼脇公民館移動図書」という出張コーナー

利尻町交流促進施設どんとと利尻富士

旅番屋のベッドから見た海

南沼湿原メヌウショロ沼

を設けていた。
このコーナーで見つけたのが、お隣の利尻町で起業した日本最北の出版社「淡濱社」のZINE「利尻のいろ」。梅村さんに紹介していただき、代表の濱田実里さんにお話をうかがった。「出版社を起ち上げたのは、島の子どもたちにもっといろんな選択肢があると希望を持って欲しいからです」との言葉に深く共感。彼女と同じ移住者の私も、移住先の青森市でライター業をはじめたことに似た思いがあった。遠く離れた北の島で同志に出会えた気がした。
淡濱社がある利尻町の中心部、沓形は鴛泊とは違いコンパクトに凝縮された街だ。かつて濱田さんも地域おこし協力隊として赴任したという利尻町交流促進施設どんと郷土資料室は、利尻島で唯一「図書館」らしい施設。道の向かいにかけ流し源泉や海の絶景露天風呂が楽しめる温泉も。利尻町内にはもう一つ、島最南部の仙法志エリアの、建物内からも海が見える公民館図書室がある。
島内図書室や姫沼、オタトマリ沼などの観光名所めぐりには2千円のバス1日乗車券が大活躍。宗谷バスが公共交通の役割を担っている。ああ、気分は早くも利尻ロス。また違うシーズンに行ってみたい。

a library walker in TOHOKU

東北

田子《たっこ》町立図書館

（青森県）

東京から引っ越してきてまだ二十年弱だが、もう自分は青森県民だという自覚がある。青森市はこれまでの人生で一番長く住んでいる街でもある。生まれも育ちも青森県、言わばネイティブではない私のごとき転入者が県民であることを自覚するのはどういう時だろうか。一つの例は、体の変化だと思う。

仕事で東京に行くことが多いのだが、秋から冬にかけて暑くて仕方がない。ハンカチで汗を拭き拭き、シャツの袖を腕まくり。冬の装いの人々がそぞろ歩く大都会で、ほとんど夏服の私は悪目立ちする。視線が痛い。特に電車の中はまるでサウナ地獄だ。首都圏の電車は、なぜコートを着て乗るのに暖房を入れるのか。これは現地の人も疑問視しているので、省エネのためにもやめたほうがいいと思う。ともかく、室内外における私の適温基準が下がってしまっているということなのだろう。体が津軽の民になったと言ってもいいのではないか。

県民なのを自覚する時その2は、県外の人にお国自慢をしたくなること。青森市の降雪量の凄まじさなど地元民ならネガティブに捉える事象でさえ、私にとっては青森自慢のネタになる。そんな自慢ネタの中でもトップのものが「田子のにんにく」なのだ。田子産のにんにくは掛け値なしにうまい。見た目も美しいが、その別格ぶりが一番よくわかるのは、包丁で切る時の心地よい感触だ。こんなものすごいコンテンツを生み出す県に住んでいることを私は誇りに思う。この気持ちは県民ならではだと思うのだ。

だが青森市からだと田子町はとにかく遠い。鉄道とバスを乗り継いで3時間近くかかる。それもそのはず、岩手県、秋田県との県境に位置し、かろうじて県内だ。ああ、青森県にとどまってくれてありがとう。街の中心部は丘や山に囲まれた田園地帯の

プラザ裏側も複雑な構造

とにかく面白いタプコピアンプラザのデザイン

中。商店街もスーパーも住宅地も小ぢんまりとしている。この一帯を離れるとアップダウンが激しく厳しい地形が続く。ただ、この閉じた地形は旅人にとって「はるばるやってきたぞ」という達成感につながることも確かだ。田子町が青森県の「端」なのは、観光客誘致的に意外と重要な点なのでは。

田子町立図書館がある複合施設タプコピアンプラザは、この街の典型的な農村風景の中においては異質のコンテンポラリーな建物だ。コンクリート打ちっ放しで統一されたエントランス周辺や円塔分水のようなデザインがかっこいい。入口に立てかけられた木彫りのにんにくにも笑ってしまう。ガラス張りの廊下を奥に進むと半球形の屋根を持つホールと渡り廊下でつながる。公共図書館では珍しく週休2日制を採っており、月火が休館日だ。

すぐ近くを流れる相米川とは反対の方向に歩くとスーパーや商店が立ち並ぶ一画に出る。私はここの雰囲気がわけもなく好きで、ミニチュアのようなその様子を見ていつもほっこりするのだった。

田子町ご当地グルメのガリステごはん

交 南部バス田子線サンモール田子バス停から徒歩3分
住 〒039-0201青森県三戸郡田子町大字田子字天神堂向22-9 タプコピアンプラザ内
開 水～土10時～ 18時、日曜10時～ 16時
休 月曜、火曜、第4木曜、祝日、年末年始
近 田子町ガーリックセンター、肉の博明（サンモールたっこ商店街内）

中泊町日本海漁火センター図書室（青森県）

私が弘前市の某大学に入学した30年近く前は、所属するクラスごとに自己紹介付き名簿の冊子を配っていた。おそらく現在は、個人情報保護や犯罪防止のためこうしたものの作成は禁止されているだろう。のどかな時代だった。

私は遠く離れた大阪から入学したので近隣出身のクラスメートたちが書く内容に異文化を感じられてとても面白かった。名簿には出身地も書かれているのだが、県内の、それも津軽地方の自治体が圧倒的に多く、次いで県内の他地方、北海道という感じ。

地名など地図を見ればいくらでも知ることができるが、旅で行くとか知人の故郷だとかいうきっかけがあるとよりおぼえやすい。五所川原など津軽地方の各所も名簿を眺めながら次第になじみ深いものになっていった。とは言え在学中は弘前市を出ることがほとんどなかったから、まだまだ「遠い場所」という感覚もあった。

そうした土地の一つが旧中里町だ。クラスメートの誰がそこの出身だったのかはもう記憶にないが、津軽鉄道の終点「津軽中里」駅があることを知り、そんな路線もあるんだと感じたことだけはおぼえている。年号が平成にかわって数年のその頃はまだ「ローカル線」なんて言葉はない。改号前後の数年間は廃線が相次ぎ、人の少ない地方から鉄道が消えゆく時代でもあった。中里町もまた、小泊村との合併で消え中泊町になった。津軽鉄道はそんな時代を経て今もなお、変わらず走り続けている。相撲ファンにとっては、宝富士と阿武咲の両力士の出身地なので中泊町の名はなじみ深いだろう。

同町は数少ない飛び地自治体だ。内陸部の旧中里町地域と日本海沿岸に位置する旧小泊村地域の間には、十三湊を擁する五所川原市市浦地区などがはさまっている。中泊町中心部の中里は津軽鉄道がある。しかし小泊ってどうやって行くんだ。調べてみると五所川原からも中里からもバスが出ている。青森市出発でも工夫すれば何とか日帰りできることがわかった。いっちょ行ったろうじゃねえか。五所川原から市浦地区経由で小泊に至るバスは本数が少ないものの、前半は広大な津軽平野の水田、後半は解放感あふれる日本海を楽しめる絶景路線。

小泊港そばに建つ日本海漁火センターの中に、中泊町の図書室がある。建物裏側は屋上にイカ釣り漁船が乗っていてとても目立つ。図書室は1階の奥地にあるが、遠慮なくずかずか踏み込もう。狭い空間ながらくつろぐ小上がりと新着図書コーナーの存在に好感。

夏の小泊の海の美しさには本当に驚いた。「もう沖縄なんて要らん」とつぶやいたが、ちなみにその時沖縄は未訪問。あとから写真をよく見ると漁火センターには展望コーナーっぽい部分がある。きっとこの海が見えるはず。また行って確かめねば。

沖縄も驚く？美しい小泊の海

なぜか屋上にイカ釣り漁船が

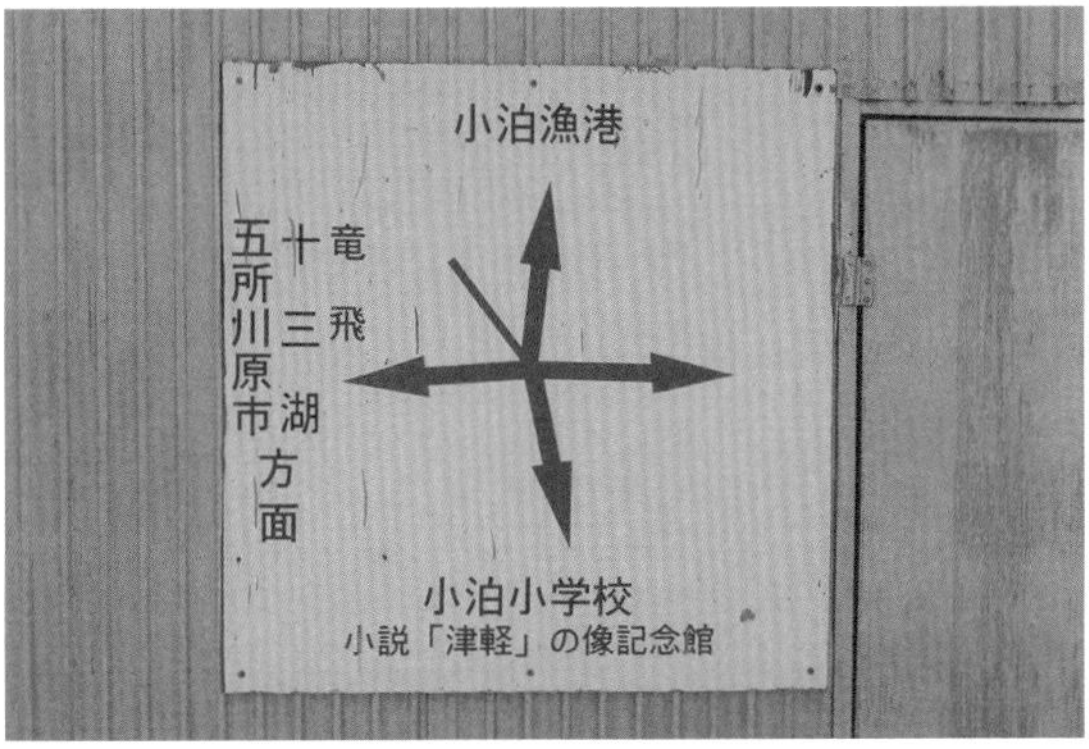

小泊の街歩き中に見つけた五叉路の案内図

交 弘南バス五所川原～小泊線浜町バス停から徒歩2分
中泊町地域拠点連絡バス漁火センター玄関前バス停からすぐ
住 〒037-0300 青森県北津軽郡中泊町大字小泊字488 日本海漁火センター 1階
開 9時～ 16時45分
休 月曜、第4木曜、年末年始
近 マリンパーク海水浴場、じゅうもんじ屋

平川市平賀図書館（青森県）

地方の街の図書館には、郷土資料館のような施設が併設されていたり隣の建物だったりすることがけっこう多い。以前は図書館にしか目が行かず、そういうところはスルーしていたのだが最近は時間があれば立ち寄るようにしている。

個人的に印象に残っているのは、北海道北部にある美深町の「文化会館ＣＯＭ１００」や後志地方寿都町の総合文化センター「ウィズコム」内に図書室と併設された郷土資料館。沖縄県うるま市の石川図書館２階にある展示コーナーもすばらしかった。もっともこちらはチェックミスで、本来の目的であるはずの図書館が休館日だったのだが。

記憶を掘り起こしてみると、私が小学校中学年から予備校卒業まで住んでいた大阪南部の自治体の図書館１階にも、そこそこ立派な郷土資料展示コーナーがあった。図書館と郷土資料館のカップリングが多いのは当たり前で、図書館は地域の文化や歴史を後世に伝えるため資料の収集・分類・保存の役割を担う施設でもある。もし旅先で図書館を訪ねる機会があり、郷土資料館に類する施設が併設されていたら迷わず入館されることをおすすめする。展示をぼんやり眺めるだけでもなかなか楽しめるはずだ。

青森県内では、平川市の平賀図書館がその好例だ。同市は２００６年に尾上町、平賀町、碇ヶ関村が合併してできた自治体。という経緯からか、市内には尾上と平賀の両地区に比較的同規模の図書館が存在する。どちらも弘南鉄道弘南線内の駅から歩いて10分程度の立地だ。両館とも何度か訪問したことがあるが、特集コーナーをいくつも作ったり工夫ある展示の仕方をしたりして、蔵書のポテンシャルを活かそうという気合が伝わってくる。

以前、アーカイヴ音源を積極的にリリースする

お隣の柏農高校前駅からの岩木山と水田

２階にある郷土資料館。
質量ともに楽しませてくれる

レーベル「レゾナンス・レコーズ」の敏腕プロデューサー、ゼヴ・フェルドマンさんにインタビューしたことがある。彼の言葉で深く共感したのが「記録は残すだけではダメで、伝える人が必要だ」というもの。図書館の存在意義も同じ。人と、所蔵資料を含めた情報全般とをつなぐのが図書館の役割なのだ。

その意味で、平川市の2館は私の目には良い館に映ったし、少なくとも「ただ本を置いて貸している」だけ」から脱するべく努力しているのは間違いない。平賀図書館は平川市文化センター内1階にあり、もう一つのお目当て郷土資料館はセンター2階。ここもまた展示の方法がしっかりしている。質量ともに大満足の資料館だ。

文化センターで楽しんだ後は岩木山の絶景スポット柏農高校前駅までの散歩か、近くの南田温泉で日帰り入浴がおすすめ。2022年7月に開館したばかりの黒石市立図書館や、私が大学時代毎週通い詰めた弘前市立図書館など、隣接自治体の館をハシゴするのもいい。なんて豊かな環境だろう。

弘南線列車の車窓風景。飾られているのはねぶた絵

交 弘南鉄道弘南線平賀駅から徒歩10分
住 〒036-0102 青森県平川市光城2-30-1平川市文化センター 1階
開 9時～ 18時
休 月曜、第4木曜、年末年始、10月実施の蔵書点検期間（1週間ほど）
近 南田温泉ホテルアップルランド、柏農高校前駅からの眺め

大船渡市立図書館（岩手県）

建築美を誇る図書館はサブジャンルとして一定の立ち位置を獲得したように思う。本連載でも建築デザインに関する記述が多いし、旅行キュレーションサイトにおける図書館紹介も圧倒的に建築寄りの内容になっている。しかしこれは「図書館の中身を評するのは簡単なことではない」の裏返しだ。

サービスの質は普段使いの利用者でないとわからないし、貸出冊数や蔵書数も一時的な来訪者には何の意味もない数字だろう。元図書館員としての私見を述べると、地元の人が図書館をきちんと評価することができるのかどうかすらも実は怪しい。毎日来館するようなヘビーユーザーはそのほとんどが本を借りていくだけだし、図書館サービスの多様性、利便性、そして図書館員の業務内容や館の運営形態などについての知識も興味もない。

もっともその状況は利用者側に責があるのではなく、そうしたことを「一般常識」として根付かせることができなかった図書館側のほうの問題だ。図書館は本や読書の好きな人が行くところというイメージが定着しているが実際は図書館機能の一部にしかすぎない。それ以外についてはなかなか広まっていかない。その点、建築などヴィジュアル面の楽しさは誰にでもわかりやすい。特に知識や興味がなくても好き嫌いで判断できる。今回は一目でその楽しさがわかる図書館建築の傑作をご紹介したい。

私は大船渡市にある三陸鉄道盛駅周辺の街がわけもなく好きで、正直住んでもいいとさえ思っている。そこまで思わせる理由の一つが大船渡市立図書館の存在だ。図書館は市民文化会館との併設で、建物全体はリアスホールという名前がついている。コンクリート打ちっ放しの印象的なファサードと非常に複雑な造形が魅力だ。初訪問は雪がちらつく曇り空の冬だったが夏に再訪してこの建物の真の魅力にようやく気付けた気がした。日光が当たってシャープなエッジがくっきりと陰影を生み出し、実にかっこいいのだ。

　設計を担当した新居千秋は同館の他、水戸市立西部図書館や中央図書館も入居する由利本荘文化交流館カダーレ、2021年に移転新築して開館した小牧市中央図書館など、優れた図書館関連建築をいくつも手がけている。図書館内の構造は外観より斬新かもしれない。入口は3階にあり、2階とはスロープ状の長い回廊でつながる。2階は隠れ家っぽい静けさがある一方で、回り道のような回廊以外に3階と行き来できないので不便に感じる人もいるかも。

　ちなみにここの震災関連蔵書の豊富さはすごい。リアスホールはその斬新な外観から東日本大震災後に生まれた新しい建築の印象を持つが、実は開館は2008年。震災時は住民が寝泊まりする避難所にもなった。大船渡もまた、被災の地だったのだ。

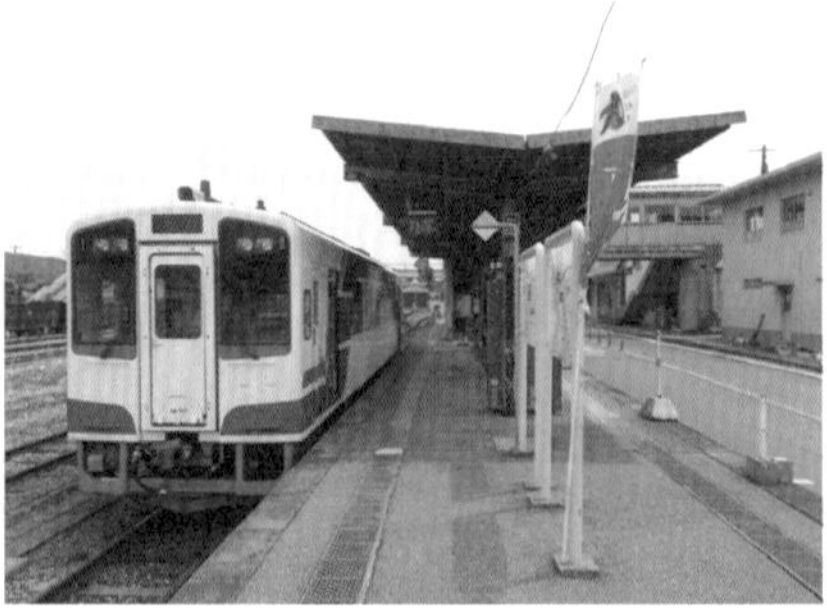

JRのBRTと三陸鉄道が発着する盛駅

いろいろ見て歩きたいリアスホール館内

日の出直前の大船渡湾

交 JR大船渡線BRT田茂山駅から徒歩10分
住 〒022-0003　岩手県大船渡市盛町字下舘下18-1リアスホール内
開 平日9時～ 19時、土日祝9時～ 17時
休 火曜、年末年始
近 坂本食堂のカツカレー、大船渡温泉

命を救った防潮堤を眼下に望む

洋野町立種市図書館(岩手県)

観光客誘致を目指す際、対策が功を奏しはじめて訪れる「一見さん」が増えはじめたら、どうやったらリピーターになってくれるのかが喫緊の課題となる。私は観光業界に関わったことがないので素人考えだとお断りした上で申し上げるが、リピーターを作るための最強コンテンツは「食」だと思っている。旅先でおいしいものが食べられた時は、例外なくまた行きたいと感じる。そんな「リピーターになってしまう」ご当地グルメの一つに、岩手県洋野町の「ほや」がある。

30年近く前、大学進学で大阪から弘前市に移住し、その時ほやをはじめて口にした。当時の関西人はほやの存在を知らない。残念ながら「マイファーストほや」は異様に生臭く「なんやこれは」と軽いトラウマになった。ここは口を酸っぱくして言いたい。どうか、はじめての食材を食べる時はできるだけ最高のものを選んで欲しい。思えばあの時のほやは質の悪い安物だった。

その後すばらしい品質のほやを何度も食べ、過去の記憶は上書きされたが、洋野町の食堂で食べたほやはそんな中でもとびきりのおいしさだった。その食堂ではほや入りの塩ラーメンを食べたのだが、ぷりぷりの触感が上品な鶏肉のような絶品。思わず唸る。あとから入ってきたバイカーが「ほや尽くし定食」を躊躇なく頼んでいて、自分もそうすれば良かったと悔やむ。だが、また来れば良い。私はほや効果で洋野町の潜在的リピーターになった。

洋野町は大きく二つのエリアに分かれる。JR八戸線の種市駅を中心とする太平洋沿岸部と、道の駅や宿泊施設、学校などが立ち並ぶ大野地区がある内陸部だ。私が訪ねた沿岸部でまずおすすめしたいのが種市駅前ロータリー。白のレンガブロックを敷き詰めた地面に大きく海が描かれているのだ。この絵は列車の窓

ほやラーメンとほやめし

JR 八戸線種市駅前ロータリー。
海の絵が楽しい

からも少し見え、八戸線に乗って素通りするたびに気になっていた。いざ降りて眼前にすると、すぐ近くに海があるんだとわくわくする仕掛けだと感じた。

町役場などが立ち並ぶ市街地は海際の高台にあり、その向こうに遮るもののない太平洋が広がる。解放感抜群の絶景だ。洋野町立種市図書館があるのは、この高台がちょうど途切れる辺り。館内は学校図書館のような感じなのだが、剥製がたくさん飾られていたりして独特の雰囲気がある。二階の窓から巨大な防潮堤の向こうに海が見えた。眼下にある低海抜エリアと海の間には防潮堤が続き、東日本大震災でも人的被害を食い止めた。図書館の二階には歴史民俗資料館もあり、この洋野町を一躍有名にした潜水夫の「南部もぐり」の展示などが無料で楽しめる。

種市まで来たら、ぜひ同じ八戸線の有家駅まで足を延ばそう。目の前に海しかない絶景駅で、八戸側に一つ隣の陸中八木駅までの砂浜ウォークは特におすすめだ。

低海抜エリアを守る巨大な防潮堤

交 JR八戸線種市駅から徒歩8分
住 〒028-7914 岩手県九戸郡洋野町種市23-27-1
開 9時～17時
休 水曜、祝日、年末年始
近 はまなす亭、ひろの水産会館ウニーク

仙台市広瀬図書館（宮城県）

旅先では時々、非常に印象深い出会いをすることがある。おそらくもう再会することはないだろうという漠然とした予感が、より記憶に強く刻ませるのかもしれない。私は日本人男性の中ではかなり体が大きく目つきも優しくないので、話しかけやすいとは言えない外見だ。そういう自覚もあって、旅先でこちらから言葉をかけることもあまりない。それなのになりゆきで会話が生まれる時、その先面白い展開をする何かがあるのだと思う。この出会いのことをよく思い出す。

時は紅葉の季節。ＪＲ仙山線愛子《あやし》駅前で秋保温泉行きのバスを待っていると、同じくバス待ち中の人たちが突然「あきゅーあきゅー」と変な鳴き声をあげはじめた。言葉を聴くとどうやら中国か台湾から来た方たちらしく、年齢層は私の両親、つまり70代周辺くらい。鳴き声に聞こえたのは秋保の読み「あきう」を音読していたのだ。あまりに微笑ましくてニヤついていると、男性のうち一人に「今、笑ってたでしょ」と日本語で話しかけられた。

みなさんは台湾からいらっしゃったそう。空港がある桃園在住らしい。演歌を通して日本語や文化を学ぶサークルのメンバーで、毎年日本旅行をしていると聞き驚く。私に話しかけてくれたおじさんは特に日本語が堪能なので、いつもツアーの幹事役を買って出ているとのこと。かなり日数をかけた行程で、細かく作ったプランを記したノートを見せてくれた。秋保や愛子を日本の人は読めるのかと訊かれたので、みんな読めませんよと答えたら笑いが起きた。

台湾は気候が違うため日本のような鮮やかな紅葉がなく、この時期はいつも日本行きの飛行機が満席になるのだと教えてもらう。バス終点の秋保大滝まで行くみなさんと別れ私は温泉街で途中下車。車内からみんな手を振ってくれ、じんわりと温かい気持ちがこみ上げた。温泉に入る前にもうぽかぽかだ。

ところで、山々に囲まれ自然豊かな観光地といった感じの秋保温泉、実は仙台市内なのだ。前述した愛子駅からはバスで20分ほど。愛子駅と仙台駅との間には東北福祉大学前駅もあり、列車は本数も乗客も多い。小ぢんまりした駅はたくさんの学生を吸い込んだり吐き出したりで活気にあふれ、とても近くに落ち着いた雰囲気の温泉街があるように見えない。

仙台市広瀬図書館は愛子駅から徒歩10分弱。巨大な文化センターの1階にあり、広くはないが文化ホールとの併設のためか天井が高く、面積以上に広く感じた。著名人が大きく写った表紙が印象的な県の復興支援広報誌「ＮＯＷ　ＩＳ」をバックナンバー含め大量に配布していて、この雑誌のことを知ったのはこの時。以来見かけたら必ず持ち帰っている（2021年3月で発行終了）。時に大都会の市中心部で買い物、時に温泉。そして時には図書館でのんびり。なんだか豊かな日常が過ごせそうな街だ。

難読名が並ぶ愛子駅の駅名標

文化センターの配布物コーナー。
その数に圧倒されます

秋保温泉近くの渓谷

交JR 仙山線愛子駅から徒歩 7 分
住〒 989-3125 宮城県仙台市青葉区下愛子観音堂 5 広瀬文化センター 1 階
開平日 9 時 30 分～ 19 時、土日祝 9 時 30 分～ 18 時
休月曜、第 4 木曜、祝日の翌日（土日祝以外）、年末年始
近秋保温泉、磊々峡（らいらいきょう）

移転後の街の拠点として

東松島市野蒜市民センター図書コーナー（宮城県）

3月11日は日本人が永遠に忘れてはならない日。あの東日本大震災の日だ。とは言うものの巨大な揺れに襲われたその時、自分が何を感じたのかはっきり記憶していない。

津波が来なかったのは運でしかなく、もしその天秤が不幸のほうに傾いていたらとは今でも思う。地上に避難して様子見していた私や同僚たちの命はなかったかもしれないという事実は、脳裏に刻み付けられている。怪我もなく無事に済んだ人の中にも、当時のことがあまりの衝撃でぽっかりと記憶が抜け落ちてしまったという人がいる。記憶のあり方が人それぞれなところも、震災の伝承の難しさに輪をかけているのだろう。

震災後ほどなくして被災した地域をよく旅するようになった。何度も訪れるうちに少しずつ街の姿が変わっていき、生活の匂いが漂うようになるのを感じるといつも感慨深い。一方で、震災前の街の記憶は少しずつフェードアウトしていくのだろうなとも思う。住民が今ある街に新しい愛着を持とうとするのは当然のこと。その気持ちが徐々に記憶を上書きしていく。数年に一度のペースでしか訪れない旅行者ならなおのことだ。それでも変わりゆく街並みを眺めながら、被災からそれほど経っていなかった初訪問時の記憶を思い出したくなる場所もある。

私にとってJR仙石線野蒜駅周辺はそんな場所だ。はじめて訪れたのはまだ仙石線の全線復旧が果たされていない時で、代行バスを使った。野蒜に至るまでの車窓からの眺めがまず衝撃的だった。行けども行けども広大な草地が広がっている。遮るもののないそよ風が、我が物顔で育った雑草を優しく揺らす。夕焼けの下で見たその光景はある種の荘厳と静けさに満ち、かつての日常など全く感じさせなかった。

震災復興伝承館になった旧野蒜駅

高台に移転した野蒜駅。街や海が見下ろせる

野蒜駅は景勝地奥松島への玄関口。そこにある民宿に泊まるためにこの地に来たのだ。その民宿自家製の白米のうまさは、今に至るも人生最高の味。それがまた失われたものの大きさを想わせもする。宿の送迎車にすぐ乗り換えたため、様子がよくわからなかった野蒜駅の惨状は、翌日知ることに。ひしゃげたレール、崩れ落ちたホーム、倒れた鉄骨。周囲の住宅は跡形もなく、すぐ前を通る東名運河にかかる橋にも、破壊の傷跡が随所に。

現在野蒜駅及び周辺住宅地は旧駅や海を見下ろす高台に移転。その旧駅は東松島市震災復興伝承館となっている。新駅横には軽食コーナーや観光案内所を併設した野蒜市民センターが建つ。同センター内に東松島市立図書館の図書コーナーがあった。児童書中心だったがきれいでテーブルなども備え、ここで過ごす時間が想像できる空間になっていた。

かつて野蒜駅から海は見えなかった。海の遠望が、この街のこれからの日常風景だ。

美しい奥松島の海

交JR仙石線野蒜駅から徒歩2分
住〒981-0416 宮城県東松島市野蒜ケ丘1-15-1
開平日9時～ 19時30分、土日祝9時～ 17時30分
休年末年始
近東松島市震災復興伝承館（旧野蒜駅跡）、民宿かみの家

青春時代の思い出をきっかけに

八峰《はっぽう》町文化交流センター「ファガス」図書室（秋田県）

友人や知人が口にする地名が旅情をかきたてることがよくある。聞いたその時はピンと来なくても、あとから会話を思い出して妙に行きたくなるパターンも。秋田県の八峰町もそんな場所の一つだ。

大学の先輩がここの出身で在学当時、彼の口から時々その名を聞いていた。もっとも当時はまだ八森町と峰浜村に分かれており、合併したのは2006年。その先輩は中学校、私は小学校であまり人間関係がうまくいっていなかったという共通点があった。彼の出身地の名を聞くのはいつも、そんな過去について話し合う時だった。

当時も「どんな土地なのかな」とおぼろげに感じたし、東京から青森市に越してきたあとも時折思い出しては気になっていた。八峰町は日本屈指の鉄道ローカル線と名高いJR五能線沿線にあり、町内の駅は北の岩館から南の沢目まで6つ。ただ青森県の深浦駅以南を運行する本数が少ない上に、快速リゾートしらかみだと通過する駅が4つもあって、意を決さないとたどり着けない街なのだ。

その「決心」をするきっかけは偶然やってきた。JR東日本が発売する「おトクなきっぷ」の中に五能線フリーパスがある。これは川部から秋田の五能線全線と、起点の川部も含む奥羽本線の青森から弘前までが2日間乗り放題になるというもの。1日目は木造《きづくり》駅の土偶「しゃこちゃん」を見に行く小旅行に出かけたが、2日目の予定は特になかった。その時思い出したのが先輩とのかつての会話。今こそ彼の育った街を訪ねる時では。

まずは青森駅8時台発のリゾートしらかみであきた白神駅を目指す。駅前にある八森いさりび温泉ハタハタ館でひとっ風呂浴びるためだ。泉質はすばらしく、露天風呂から見える快晴下の海の絶景も最高だった。その後、南へ2駅先の八森駅を約2時間後に出る列車に乗るべく、徒歩で5キロ歩く。八森駅すぐ近くの海岸沿いに文化交流センター「ファガス」があり、館内に図書室もあるらしい。

歩いてみてわかったが、この辺は海すぐ近くに迫る山々や高台に囲まれた箱庭的集落が続く。ハタハタ館や五能線の線路も高台の上だ。秋だったからすばらしい景色を楽しめたが、同時にかつて先輩が感じていただろう閉塞感にも想いを馳せた。

ファガスや隣り合う保健センターは砂浜からも見えるほど海の至近だが、激しい海風の土地ゆえか入口は海に背を向けている。外壁につたう紅葉やすぐ近くに見える山並みが美しかった。図書室は1階。書架や閲覧席が並ぶものの仕切りはなく、独立した部屋ではない。私がオープンスペース形式と名付けている構造だ。郷土資料の書架がかなり大きく、地元の文化や歴史を愛する自治体なのだろう。あの先輩は今、ふるさとをどう捉えているのか知りたくなった。

海と山に囲まれた八峰町

ファガス1階。
図書室はオープンスペース形式

ゆるい斜面の突き当たりに八森駅

交 JR五能線八森駅から徒歩5分
住 〒018-2641 秋田県山本郡八峰町八森中浜196-1ファガス1階
開 8時30分～22時
休 年末年始
近 八森いさりび温泉ハタハタ館、椿海岸の柱状節理

横手市立横手図書館（秋田県）

秋田県南部にある横手市の二大コンテンツと言えば「かまくら」と「横手焼きそば」。しかし強力なブランドを持つ街はイメージが固定されがちでもある。青森県で言えば、リンゴの津軽地方やマグロの大間などだろうか。私は大学時代の四年間を弘前市で過ごしたのだが、大阪出身だ。青森県のことなどほぼ何も知らない高校の級友に進学先を知らせると「キャンパスはリンゴ畑の真ん中にあるんやろ?」と真顔で言われることもあった。そんなわけないやん。

それと同じように、行ったことのない人たちにとって、横手市民は毎日焼きそばを食べて、冬には毎日かまくらを作るような生活を送っているという印象なのかもしれない。そのギャップを知っているからこそ、横手の街を歩いてみたかった。その街の空気は、歩いてみないとわからない。もちろん、焼きそばを食べてみたいのは言うまでもない。

横手市立横手図書館はJR奥羽本線の横手駅から徒歩15分ほど。図書館に20分くらい滞在したとしても、一時間以内で楽しめるお手軽散歩コースのできあがり。電車も一時間に一本ペースなのでちょうどいい。図書館めぐりは、ローカル鉄道の乗り換え待ちの時間つぶしにもぴったりなのだ。

駅東口を出ると、周りにはホテルなど高さのあるビルが集まっているのが見える。ロータリー正面のビル裏にどことなく昭和の香りが漂うバスターミナルがあり、お年寄りが何人かバス待ちで居眠りしていた。その姿を見ると、平日の昼下がりのこの街には違う速さの時間が流れていることがわかる。

駅前エリアを抜けるとすぐ、空の広さが際立つローカルな街並みに変わった。横手市役所を背に横手川の方向に進むと図書館がある。白が基調の二階建ての建物で、屋根までのピロティ構造になってい

横手駅から見える横手プラザホテル。
別館に温泉あり

横手川側から見た横手図書館

る廊下を進んだ先が入口だ。入ると横手川に面した壁が全面ガラス張りになっているのが目に飛び込んできた。外に生える木々が陽光をいい感じで遮り、まぶしくはない。心地良いひと時が過ごせそうに見える。

二階で陽の差すガラスを読書灯にして本を読む主婦らしき女性がいた。私も彼女に倣い椅子に腰かけ外を眺めながら休憩してみる。すると妙に川べりを歩きたくなってくる。入口は川側にも開いていて、自動ドアが開くと廊下の途切れた先からザアザアと激しい水音が聞こえてくる。そのサウンドを耳にした瞬間、この図書館のファンになった。

横手川へはぜひ、この廊下を通って向かって欲しい。流れの音が反響して、まだ見えぬ川への期待を高めてくれるから。地元の利用者しか知らないこんな素敵な空間に、束の間だけ居させてもらう。これが図書館ウォーカーという趣味の楽しさだ。

意外と流れが激しい横手川

交 JR奥羽本線横手駅東口から徒歩15分
住 〒013-0021 秋田県横手市大町7-9
開 10時～ 19時
休 水曜、月最初の平日、年末年始
近 羽黒町武家屋敷通り、横手駅前温泉ゆうゆうプラザ

市立米沢図書館

（山形県）

山形県の内陸部に位置する米沢市はＮＨＫの大河ドラマ「天地人」の舞台。私がはじめて訪ねた時、米沢駅にはドラマの重要登場人物で米沢藩初代藩主の上杉景勝を模した巨大な人形が飾ってあった。歴史より食に関心がある人にとっては米沢牛こそがこの街のシンボルということになるだろう。米沢牛の存在は、神戸牛や松阪牛が幅を利かせる関西出身の私でも知っていた。

ただし味は知らない。なにしろいい肉は高い。つまり神戸や松阪の牛もろくに食べたことはない。しかしせっかく来たのならせめて米沢牛を使った駅弁くらいは食べてみたい。駅で探しはじめると、やたら目につくのが駅弁グランプリ常連の「牛肉どまん中」だ。評価も高いことだし普通なら迷わず一択だ。しかし私は天邪鬼でもあった。多数派や流行になびくのがなぜか口惜しいというめんどくさい性格に生まれついている。すると一人のおじさんがどまん中の売り子と熾烈な販売合戦を演じているのが目に留まった。他にも駅弁会社があるらしい。

おじさんの「売るぞ」圧がなかなか強く腰が引けたが、ある言葉を聞いてがぜん購買意欲がわく。曰く「そぼろを入れるなんて邪道だよ」。そうなのか。それほど言うなら、あなたの売る駅弁はどんなものなんだ。彼が薦めてくれた弁当は「拙者、牛肉侍と申します」だ。ハンバーグ、角煮、生姜焼きがご飯の上に敷き詰められた豪快なもので、米沢から新庄に向かう新幹線の車内で食べたそれは、確かにうまかった。だが牛肉侍が食べたくて数年後再訪したらもう売っていなかった。

天邪鬼の悲しみ。私がファンになったものは、たいていすぐに姿を消してしまう。気を取り直し数年前に開館したばかりという市立米沢図書館に向かうことにする。米沢駅からぶらぶら歩き、最上川を渡るとこの街の中心部が見えてくる。旧城下町の常として、中心街は鉄道駅から離れている。どことなくひなびた昭和感漂う街並みの一角に突如現れるのが文化複合施設ナセＢＡ。木とコンクリートをバランスよく配置したファサードが文句なくかっこいい。

　この施設に図書館とよねざわ市民ギャラリーが併設されている。２階の図書館入口に上るとその美しさに息をのむこと請け合い。白を基調にしたシャープな内装は北欧のデザインを感じさせる。白眉は全面ガラスで可視化された3～5階の書庫だ。利用者入場不可の書庫は言わば別世界。その異空間で作業する図書館員をガラス越しに眺めていると、ＳＦ映画のワンシーンのような錯覚に陥る。

　この館のファンになったが、図書館ならあの牛肉侍のようにいつか消えゆくのではないかと気をもまなくていい。少なくともあと何十年かは使われるのだから。

城址の濠を眺められるカフェでひとやすみ

懐かしい感じの街を歩いて図書館へ

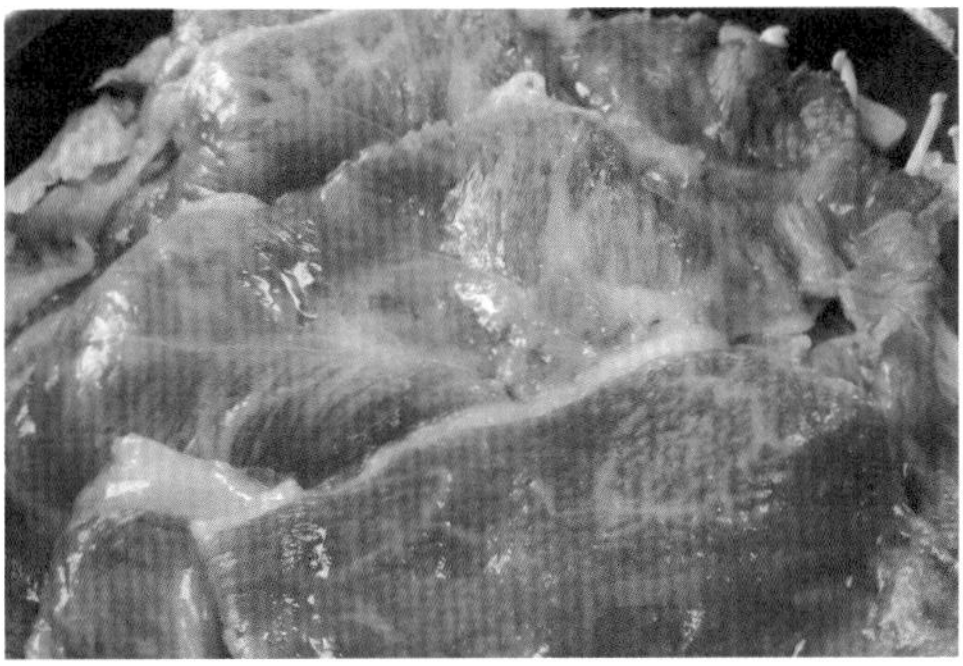

米沢再々訪時にとうとう食べたぞ米沢牛

交JR奥羽本線・米坂線米沢駅から徒歩25分
米沢市民バス万世線、市街地循環路線左回り・南回りナセBA前バス停からすぐ
住〒992-0045 山形県米沢市中央1-10-6 ナセBA 内
開平日10時～ 20時（4月～ 9月）・10時～ 19時（10月～ 3月）、土日祝9時～ 19時
休第4木曜、年末年始
近米沢城址、Cafe de Jieno

新地町図書館（福島県）

2011年のあの日から、積極的に東北地方の太平洋沿岸を旅先に選ぶようになった。旅して現地でお金を使うことが、せめてもの復興支援にならないだろうかと考えたのだ。そのうちの一つ、新地町をはじめて訪れたのはJR常磐線の代行バスに乗って。あの震災からまだ2年後の初夏のことだ。目的地は松川浦のある相馬市で、新地はただの通過点のはずだった。当時はまだ浜吉田から浪江までの区間が不通で、仙台から見て浜吉田一つ手前の亘理から相馬は代行バスが出ていた。

亘理駅で慌ただしく乗り込んだ代行バスはすでに乗客がいっぱいで、窓側には座れなかった。それでも道中、窓の向こうに震災の巨大な爪痕がちらほらのぞけ、気分が重くなったことをおぼえている。バスは新地町にも入って行く。バス停に停まると、中高生くらいの子どもたちが思い思いの他たくさん降りた。そして他のバス待ちなのか、外には何人もの学生が立っている。この時、めちゃくちゃに破壊されつつも静かに佇む新地駅や、津波の被害ですっかり平らになってしまった街が子どもたちの背景として目に入った。

ところが、改めて調べてみると代行バス用の臨時停車場は駅から離れた場所にあったらしい。記憶があいまいになっているようだ。震災当日の新地駅や街の様子については、何度も直木賞候補になっている気鋭の作家、彩瀬まるのルポ「暗い夜、星を数えて」に詳しい。彼女は当日偶然新地町に居合わせたのだ。その臨場感ある文章を読んで記憶が上書きされたのかもしれない。ただ、代行バスの中から見た当時の新地の街並みに少なくない衝撃を受けたことだけは確かで、この街がずっと気にかかっていた。

それから数年の時が経ち、ようやく新地再訪問が

新地駅舎内から見た駅前ロータリー

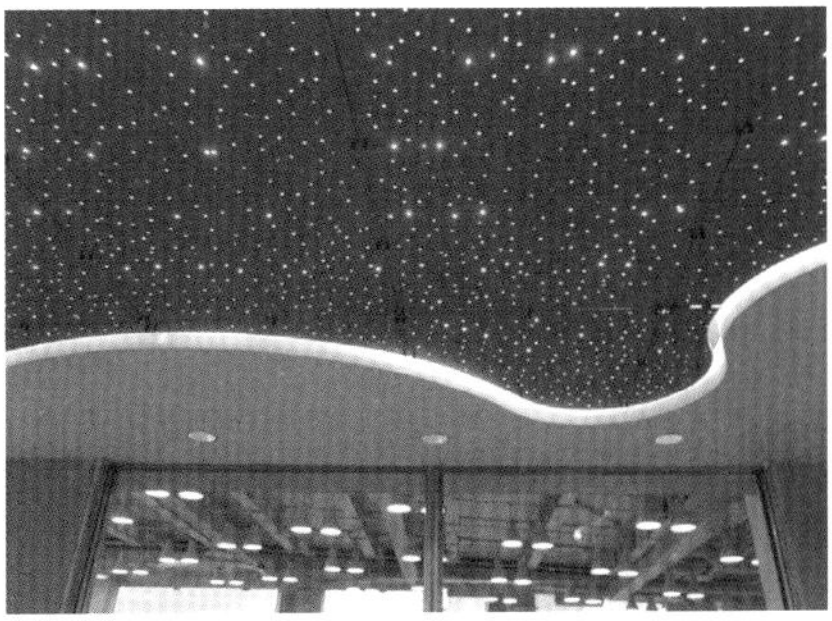

星空を模したエントランスの天井

叶う。前述の不通区間が復旧し、仙台駅から南相馬市の原ノ町駅まで電車で直行できるようになったのだ。はじめて降りた新地駅は、白とブルーの配色がメインの駅舎やロータリー周りのデザインがすっきりして魅力的だ。すぐ横にホテルもある。平日の昼下がりで乗降客も通行人もほぼいなかったが、安らかな日常の静寂がそこにあった。

新地町図書館はここから歩いて10分もかからない。公民館と農村環境改善センターと同じ建物の二階が図書館だ。外観では二階の全面ガラス張りの壁が目立っていたが、そのおかげなのか館内は程良く明るい。小さな音でジャズのBGMがかかっていて、図書館ではまだまだレアケースだ。入口の自動ドア前の星空を模した天井の電球も面白い。メルヘンチックな造りに、心が和んだ。

巨大な防潮堤が建設され、街からもう海は見えない。ただ、街なかをゆっくり歩けばあの日の出来事を刻んだあれこれが目に入る。今度は海の見える場所まで歩いてみよう。

田園風景が続く新地駅までの車窓風景

交 JR常磐線新地駅から徒歩10分
住 〒979-2702 福島県相馬郡新地町谷地小屋樋掛田40-1
開 平日10時～18時、土日10時～17時
休 月曜（第2以外）、第2日曜、月最終平日、祝祭日、年末年始
近 つるしの湯、釣師浜

一本の麺がつなぐ縁がある

二本松市立二本松図書館（福島県）

一本の麺がつなぐ縁がある。私が福島県のご当地グルメ「なみえ焼きそば」をはじめて知ったのは確か、東北新幹線車内誌の特集だったと記憶する。東北各地のご当地麺グルメ特集で、私は焼きそばが好物なため、中でもなみえ焼きそばに心惹かれた。しかし浪江とはいったいどこなんだとも思っていた。

11年前の「あの日」を経た今、これはもうありえないだろう。そう、その車内誌を読んだのは東日本大震災より前だったのだ。浪江町の名は甚大な被災をした街の一つとして繰り返し報道された。またある意味では今もまだ被災し続けている土地でもある。そして日本で知らぬ者はいない地名になった。

大震災の報道で浪江の名を目にした時、心を痛めたのはもちろんだが「そうか、気になっていたあの焼きそばを一度も口にできないまま終わるかもしれないんだ」と喪失感もおぼえた。だがある日、車内誌で紹介されていた食堂が避難先の二本松市で営業を再開したという情報を目にした。これは行くしかない。新しい街でやり直すという苦渋の決断をした店主を応援したい気持ちもあった。

ここで改めてなみえ焼きそばについてご紹介しよう。とにかく見た目のインパクトがすごいぞ。ひとことで言うとそのヴィジュアルは完全に焼きうどんなのだ。人間の体型で表現するならぽっちゃり系。大量のもやしと分厚い豚バラ肉が演出するボリューム感も非凡だ。このなみえ焼きそばがいただける食堂「杉乃家」さんは、JR二本松駅から徒歩数分の公共施設、二本松市市民交流センターの1階にある。

杉乃家さんはいわゆる大衆食堂なので、なみえ焼きそば以外にも多彩なメニューを提供していて、納豆入りのかつ丼などもおいしかった。初訪問時に出合ったのがお店で購入もできるにんにく七味。今では我が家に必須の調味料で、焼きそばを食べに行くよりこれを買いに行くついでに食べる感じになっている。みなさんも行った時はぜひ購入しましょう。

それにしても、十数年前に新幹線車内誌でなみえ焼きそばのことを知らなければ、めぐりめぐって二本松市に来ることもなかったのではないか。まさに一本の麺がつなぐ縁だ。

それでは二本松市立図書館に行ってみよう。食事のみの滞在が多く知らなかったのだが、駅前の街並みは何段もの坂があってとても立体的な地形になっている。中でも図書館は観光名所の二本松城に向かう長い長い「久保丁坂」の只中にあり、館の向こうに見える坂の厳しさに呆然としてしまう。館内は昭和感のある、愛すべき小館の趣きだ。

かつて杉乃家さんが営業していた浪江町も徐々に復興への道を歩んでいる。長らく閉館していた町立図書館が、JR浪江駅前複合施設「ふれあいセンターなみえ」内で復活したそうだ。今度はそちらも訪ねてみたい。

坂の街らしく長い階段の上にある二本松神社

このクラシックな感じ、
今ではすっかり少なく

見よ、これがなみえ焼きそばだ

交JR東北本線二本松駅から徒歩7分
住〒964-0917 福島県二本松市本町1-102
開平日9時30分～ 18時30分、土日祝9時30分～ 17時
休月曜、月最終日、年末年始
近杉乃家、玉嶋屋（和菓子屋）

column 02 図書館勝手ゴライズ

根室市図書館（日本最東＆海が見える図書館）

図書館ウォーカーという趣味を満喫するために欠かせないのが、自分ルールで図書館を分類するということだ。別に図書館機能に関連した分類でなくてもかまわないし、優れたサービスを展開している館である必要もない。個人的には、それで図書館という施設そのものに興味を持ったり行ってみたくなるのであれば、多少のおふざけも交えて自由な発想で分類してみてもいいのではと考えている。言わば図書館を勝手にカテゴライズするということ。略して「図書館勝手ゴライズ」。

まずわかりやすい例として「日本一図書館」「名建築図書館」を挙げたい。前者では日本列島の最東西南北（根室市、西南二冠の石垣市、稚内市）などが旅情を誘うし、面積が広い自治体（高山市）や人口が少ない自治体（青ヶ島村）の図書館など統計からわかる日本一も面白そうだ。後者はウェブ記事や書籍でもよく話題になるし、日本図書館協会のホームページで同協会建築賞受賞館一覧を確認するのも楽しい。世評が高くなくても、行ってみて自分なりにデザインが気に入ればそれは名建築、くらいの気持ちでどんどんマイ名建築認定しよう。

映画の世界では「単館系」という言葉があるが、私もそれに倣って「単館系／複合施設系」という分類を作っ

中央図書館のある須賀川市民交流センター tette（複合施設系＆名建築図書館）

てみた。前者は一つの建物の中に図書館だけがある独立した施設で、少し前の時代までの典型的な図書館像。後者は他の施設が併設されたもので、近年怒涛の勢いでその数を増やしている。後者の代表例として須賀川市民交流センターtette内にある須賀川市中央図書館（福島県）を挙げたい。市随一の観光名所である円谷英二ミュージアムが上階にあることで市民以外の利用者や入館者が生まれ、図書館自体も観光名所に。これからの複合施設系のロールモデルだ。また複合施設系のサブカテゴリには「ホテル併設図書館」もある。宿泊してはいないが、上越市立直江津図書館（新潟県）には訪問済み。

鉄道駅と併設、または信号を渡らずに入館できる「駅図書館」も楽しい。旅行者なら予定を圧迫することなく旅先の情報収集もできるし、疲れても軽く休憩ができる。信号を渡らずに行ける立地のほうが圧倒的に多いが、中には駅舎と一体化した図書館もある。私が実際に訪問した館では北海道の3館（遠軽町の生田原図書館と丸瀬布図書室、大空町の女満別図書館）が思い出深い。駅舎一体型は非常にレアなため、ビール風に「駅図書館プレミアム」と呼んでいる。

私の勝手ゴライズの一つに非常に眺めの良い「絶景図

図書室が１階にある大潟村公民館（展望塔がある図書館）

書館」がある。ここではそのサブカテゴリを2つご紹介しよう。1つは「展望塔がある図書館」で、もう1つは「海が見える図書館」。特徴はカテゴリ名そのままだが、展望塔のほうは必ずしも「塔」でなくても良く、展望コーナーのようなものでも可。後者は直接館内から海が見えなくても、建物や敷地内のどこかから見えれば可。はっきり言って設定がゆるい。勝手ゴライズを楽しむコツは、あまり条件設定を厳格にしないことだ。

訪問済み館から両者の例をいくつか挙げておこう。前者では大間町北通り総合センター図書室（青森県）や大潟村公民館図書室（秋田県）、市川市立市川駅南口図書館（千葉県）。後者では今治市立大三島図書館（愛媛県）や広尾町立図書館（北海道）などが印象深い。そうそう、私の元職場だった青森市民図書館（青森県）も忘れずに。晴れた時は海の向こうに遠く下北半島まで見える絶景で、業務中に時々目を向けて疲れを癒したものだ。

他にも、温泉や公衆浴場が至近の「温泉図書館」など勝手ゴライズは無限に作成できる。これまで挙げた例はあくまで私の感覚で作ったものなので、みなさんも自分ルールで自由に分類して、図書館という施設をもっと多様に、もっと豊かに楽しんで欲しい。

a library walker in KANTO

関東

茨城県立図書館

（茨城県）

高校は学力レベルが同じ生徒が集まるためよほどの秀才かきちんと勉強するかのどちらかでしか成績が良くならない。入学後最初の試験で自分は頑張ってもそこそこの成績しか取れないことを悟った。私はすぐ結果が出ないとやる気を失うダメ人間なので勉強に青春を費やすことをやめた。卒業時に三年間トータルの成績と席次を渡されたのだが一学年5百数十人中、下から10番目だった。完璧な落ちこぼれだ。トホホ系笑い話としてよく話題にするものの、みんなあまり笑ってくれない。

そんな私が唯一真面目に勉強した教科が地理だ。中でも地名をおぼえるのにことさら情熱を注ぎ、国名や首都名を皮切りに記憶できる限りの地名を頭に叩き込んだ。地名暗記道の入門となるのが、日本の都道府県名と県庁所在地名が違うパターンをおぼえることだと思う。該当する都道府県は全部で17ある。中でも関東地方はその割合が高く1都6県中4県が当てはまる。地名をおぼえると少し親近感が増し行ってみたくなるものだが、茨城県の水戸市だけはそうでもなかった。

というのも当時、私の実家がある大阪には納豆を食す習慣がほとんどなかったからだ。大阪人が食に貪欲なのは周知のところ。しかし「あれだけは無理や」と納豆を毛嫌いする人はとても多かった。旅の目的にはいろいろあるだろうが、大きな位置を占めるものの一つがグルメだと思う。インターネットもまだなく情報が少ない当時は水戸と言えば納豆だったわけで、そのせいで足が向かなかった。

しかし大学進学後、家で一番の納豆否定派だった母がコロリと宗旨替えし、父もその影響を受けるに及んで私も帰省時には納豆を食べるようになった。納豆も食べはじめてみれば好物とはいかないまでも

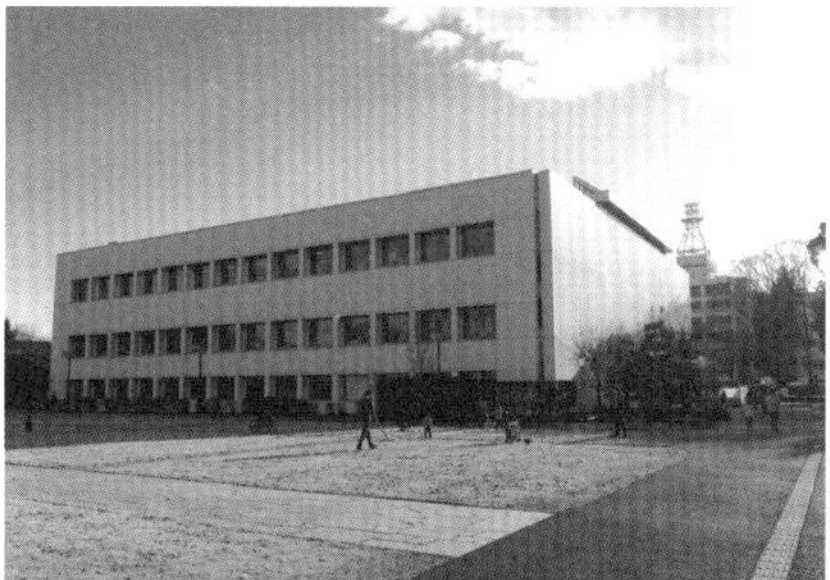

県立図書館が建つ旧水戸城三の丸は
市民の憩いの場

しおりちゃんではダメだったのか、
ブック・マーくん

なかなかおいしい。となると気になってくる。本場の納豆とはいかばかりか。

ここ数年で水戸市を二度訪ねたが城下町の常で中心部が鉄道駅から離れている。おまけに水戸駅北口から長い坂を上らないといけないので中心街は今も未訪問のまま。坂を上りきって少し入った水戸城址内に真っ白なファサードが印象的な茨城県立図書館がある。外見は現代系の美術館の趣きだが、館内は少し前の文化会館という感じ。巨大なスクリーンがある視聴覚ホールが自習室として開放されていたのが面白い。特筆すべきは視聴覚資料室。所蔵資料数も膨大で、個人的には55枚からなる小学館の「武満徹全集」があるのに驚愕。CDプレイヤーとヘッドフォンがあちこちに配置されていたので、訪問時は資料を自由に試聴できるのかと勝手に喜んでいたが、これは勘違いで手続き必要でした。

水戸は中心部に行ってない上、実はまだ納豆も食べていない。何しに行ったんだ。県立図書館に行ったとでも言っておくことにしよう。でも次こそは。

ガンを飛ばしてくる弘道館鹿島神社の狛犬

交 JR常磐線・鹿島臨海鉄道水戸駅北口から徒歩10分
住 〒310-0011 茨城県水戸市三の丸1-5-38
開 平日9時～ 20時、土日祝9時～ 17時
休 月曜、月末日（土日祝以外）、年末年始
近 弘道館、ベトナム料理AoBaba水戸店

駅から徒歩1分なのに「歩かす」とは、こはいかに

土浦市立図書館

（茨城県）

グレタ・トゥーンベリさんの訴えも虚しく、ここ数年異常気象に歯止めがきかない。特に顕著なのが猛暑と豪雨だ。私も2022年に入ってからの旅は公私ともに9割くらい雨。まあもともと超がつく雨男なのだが。図書館ウォーカーする時は小一時間くらい街歩きも楽しみたいものの、雨だとげんなりする。そんな時にありがたいのが「駅図書館」の存在だ。私の自作カテゴリで、駅と併設か、駅から信号を渡らないで行ける場所にある図書館を指す。

読者の皆様の中には旅先での図書館訪問への興味が出てきた方もいらっしゃるだろう。しかしそんな人も突然の雨だと訪問をやめてしまうかもしれない。それはとてももったいないと思うので、天気が悪くても疲れていても行ける駅図書館を一つご紹介しよう。そんな時にわざわざ図書館に行かないだろう、というツッコミはなしで。ちなみに駅図書館は鉄道駅自体が多いせいか、やはり関東に多い気がする。

その関東地方を成す茨城県の駅図書館と言えば、長年象徴的な存在だったのがＪＲ水戸線結城駅前のゆうき図書館。不思議なデザインが楽しいこの館も魅力的だが、ここでは2017年ＪＲ土浦駅横に開館した土浦市立図書館をご紹介する。同館が入居しているのは「アルカス土浦」という複合施設。その名に反し屋根付きペデストリアンデッキづたいに駅改札を出てわずか1分ほどしか「歩かず」にたどり着く。これが書きたくてこの館にした。ははウケる。

土浦には正直、霞ヶ浦と日本一の産地であるという蓮根くらいしか印象がなかった。乗っている列車が土浦駅に近づくと事前の想像を裏切ることなく、車窓風景が突然水田から蓮根畑に変化した。だが改札を出てびっくり。駅ビル「プレイアトレ」のキラキラ感や、ペデストリアンデッキが描く四角形をビ

ルやホテルが取り囲む都会感に圧倒される。

　そんなアーバンムードのシンボルとなっているのがアルカス。図書館は2階から上で、1階屋外スペースではキッチンカーが何台か出店し子ども連れの家族がくつろいでいた。2階入口から図書館内に入るとまず印象的なのは空間の立体感。最上階の4階まで吹き抜け構造で、見上げると張り出した部屋もあって楽しい。滞在スペースも屋外テラスを含め多種多様で、明るめカラーのフローリングと白基調の色彩も目に優しい。休日のせいもあったと思うが利用者の年齢層が幅広いのも好印象だ。

　さてせっかくなので霞ヶ浦も見たい。アルカスとは反対の駅東側にあるが、その景観を楽しむにはじっくり時間をとったほうが良い距離だった。駅図書館訪問は楽なのだが、散策を駅前だけで終わらせがちという欠点もある。図書館が気に入れば予定を変えゆっくり街歩きも良し、思い出をおみやげに次回を楽しみにするも良し。私は後ろ髪を引かれつつ土浦を発った。次はのんびり歩こう。

ほんの少ししか見られなかった霞ヶ浦

ホテルも併設、おしゃれカフェもある
プレイアトレ土浦

土浦に来たことを教えてくれる蓮根畑。JR 常磐線の車窓から

交 JR常磐線土浦駅西口から徒歩１分
住 〒300-0036 茨城県土浦市大和町1-1アルカス土浦２～４階
開 10時～ 20時
休 月曜（第１以外）、年末年始
近 霞ヶ浦、プレイアトレ土浦

宇都宮市立南図書館（栃木県）

地方都市では、中心部がJRの駅からかなり離れていることがままあるが、こうした都市構造の成立については、日本国有鉄道（国鉄）よりさらに前まで歴史を遡って考える必要があるだろう。街のあるところに鉄道を走らせるのではなく、鉄道計画がまず先にありそれをもとに街づくりをするという、阪急東宝グループ創始者小林一三が考え出した私鉄経営モデルも大きく影響していそうだ。

宇都宮市もそうした街の一つだ。これまで2度ほどJR宇都宮駅で降りたことがある。同駅周辺は青森市にくらべれば確かにはるかに都会だが、見るからに「中心部」ではない感じを醸し出してもいる。どうやら宇都宮市のメインエリアは西に2キロ弱離れた東武宇都宮駅周辺に展開しているようだ。同駅は栃木市内の新栃木駅との間を結ぶ東武宇都宮線の北の終点だ。

同線は同じ東武路線の乗り継ぎを繰り返せば東京都内にたどり着けるものの、特急を含め直通電車は運行されていない。私のような遠方からの旅行者、つまり東京経由でしか行けない者にとってなかなか縁遠い路線とも言える。ほんとうの宇都宮市を知るためにはJR駅近くで名物の餃子を食べて喜んでいてはダメで、バスか徒歩で東武宇都宮駅まで向かう必要があるけれど、なかなかハードルが高い。

同様に、市立中央図書館も旅人には縁遠いロケーションになっている。東武の南宇都宮駅から徒歩10分という、超地元密着型の立地だ。しかし旅行者が旅のついでに訪ねるのにピッタリな館もある。宇都宮市立南図書館だ。JR宇都宮駅から南に一駅の雀宮駅東口を出て小さな交差点を渡るだけ。徒歩数分で到着というお手軽立地。

雀宮駅周辺はなんと言ってもそのボーダー感に特

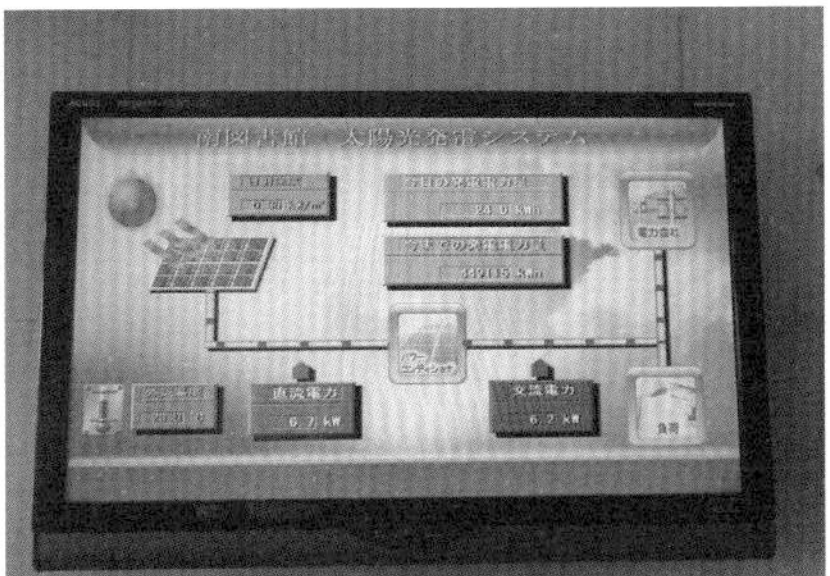

太陽光発電を利用しているらしい

館外もパティオっぽくてくつろげる

徴がある。JRの線路を挟んで西側はよくある住宅街なのだが、東側は南図書館と県立宇都宮工業高校以外の建物がほぼ存在しない田園地帯になっている。現地で実際に見るより、グーグルマップの航空撮影モードで見たほうがわかりやすいかもしれない。

図書館は2階建ての広々した建物で、のびやかな田園風景によく調和している。イートインできるパン屋や多目的ホールを併設し、図書館部分には「本の広場」という愛称がついていた。同館は旅行者に対しても開かれている。その証拠に数ヶ国語版の観光パンフも置いてあった。また私は「石の街うつのみや」というパンフで同市が大谷石の産地であることを知った。

カウンター近くに夫人寄贈の資料を集めた立松和平文庫があり、立松が宇都宮出身だと学んだ。よりディープな図書館ファンなら、ガラス張りで1階が見下ろせる2階の開架書庫も見もの。残念ながら天井改修のため、2023年3月末まで急遽休館が決まったようだ。再開館したらまた行きたい。

道向かいの工業高校のデザインも面白い

交 JR東北本線雀宮駅東口から徒歩3分
住 〒321-0121 栃木県宇都宮市雀宮町56-1
開 9時30分～20時
休 月曜、第3木曜、年末年始
近 宇都宮工業高校の建築デザイン、宇都宮駅ビルPASEO

日光市立藤原図書館（栃木県）

一つの自治体にたった一ヵ所でも観光名所があれば、地域経済としては万々歳だろう。もちろん、ただ待っているだけで観光客が来てくれるほど甘いものでないのは言うまでもないが。近年は写真のシェアや投稿という形で人が勝手に宣伝してくれるSNSが盛んになり、いわゆる「映える」名所を新たに作り出せるようになった。

決して批判する意味で書くのではないが、旅先で「その土地ならでは」をあまり感じられないモニュメントや撮影スポットを目にすることも増えた。私は土地柄を楽しみたい人間だし、もうほとんどSNSもやっていないので、個人的にそうした場所に積極的に行くことはない。天邪鬼なので「みんなが行く場所」だと面白みを感じられなくなる。それでも、旅人が訪ねたい場所が多様化し地域の生き残り戦略の選択肢が増えるのがいいことなのは間違いないとも考えている。

そんな時代にあっても、誰もが行く超定番観光名所は依然として存在感を主張し続けている。コロナ禍でいったん下火になったが、外国からの観光客もぞろぞろとやってくるような場所だ。栃木県日光市はそんなハイパー観光名所をなんと3つも持っている。世界文化遺産の日光東照宮、中禅寺湖、そして鬼怒川温泉だ。思わず「ずるい！」と叫んでしまう。

その日光市には3つの市立図書館がある。うち2つ、日光図書館と今市図書館は観光地からは少し離れたところに建っていて、観光客が立ち寄ることはあまりないだろう。ちなみに今市図書館から徒歩10分ほどの東武鉄道下今市駅舎は2017年に改築。いわゆる「昭和レトロ風」建築で新たな観光スポットになっている。一体どれだけ名所を抱えたら気が済むのか、日光市よ。

日光市立の3館のうち残る一つ、藤原図書館は鬼怒川温泉駅から徒歩数分の場所にある。鬼怒川両岸に旅館がずらりと並ぶあの有名なエリアは駅から20分ほど歩かなくてはいけないが、駅前も土産物ショップやレストランなどがあり、比較的観光展開している。ただ、駅前を散歩する観光客が藤原図書館を偶然目にすることはおそらくない。裏口と側面以外は他の建物に囲まれていて、正面がほぼ全く見えないのだ。

前のビルのビルトインガレージをくぐり抜けた先にあるこの図書館は、心理的に日本一入りにくいかも。ここを気まぐれでくぐる度胸は普通ない。しかし面白い館が待っている。この図書館、1階と2階を結ぶのが階段ではなくゆるいスロープなのだ。そしてさらに出色なのが、スロープの壁の途中に地元作家の工芸品を展示していること。

立地が生む静けさも相まって気分はさながら展示会の回廊。こういう愛らしい館があるから図書館ウォークはやめられない。

鬼怒川温泉

君はこのビルをくぐれるか

龍王峡

交 東武鉄道鬼怒川線鬼怒川温泉駅から徒歩3分
住 〒321-2522 栃木県日光市鬼怒川温泉大原1404-1
開 9時～ 18時
休 火曜、年末年始、特別整理期間
近 鬼怒川温泉、龍王峡

沼田市立図書館（群馬県）

旅先の地形が平坦かアップダウンが激しいのかは、その旅の行程を大きく左右する。街歩きをプランに組み込む場合、起伏の激しい場所だと徒歩の所要時間の計算がしにくくなるし、第一疲れる。上り坂だと5割増しくらいで考えたほうが良いし、下り坂で歩く速度が上がるわけでもない。ちなみに下り道は実は楽でも何でもなく、足への負担がかなり大きい。

かつての私は両親に連れられて3千メートル級の高峰を制覇する登山少年で、山で出会ったベテランのアマチュア登山家に健脚をほめられたほどだったのだが、今ではすっかり体力なし中年。できるかぎり平坦な街のらくらく散歩を楽しみたいと思っているものの、旅先の情報をあまり調べすぎないほうがいいとも考えているため、現地に着いてから途方に暮れることも多い。

群馬県北部にある沼田市はアップダウンがきついランキング最上位に位置する自治体だろう。中心街は大規模な河岸段丘の最上部に展開している。NHKの人気番組「ブラタモリ」でもとりあげられていた。沼田駅を経由するJR上越線は段丘の中段辺りを走っていて、同駅東側にある改札口を出るとロータリーの向こうに急な坂道とせりあがった土地が見える。その景色を見て、北海道ニセコ町のニセコ駅前を思い出した。沼田駅の西側は段丘の斜面が底まで達したあと再び山肌が連なるダイナミックな景観だ。伊香保温泉の玄関口としても知られる渋川駅からの車窓風景も、山あり川ありで楽しい。

中心部には沼田駅からバスで向かおう。路線も数種類あり、鉄道との乗り継ぎも考慮に入れたダイヤなのであまり待つことはないと思う。バスはぐんぐんと坂を上り、4分くらい走ると突然市街地が姿を現す。街の入口にどどんと建っている真っ白な建物

ドラマや映画の撮影場所になりそうな
テラス沼田１～２階部分

テラス沼田と図書館（左）を結ぶ渡り廊下

が、市役所やハローワーク、フードコートなどが併設された複合施設テラス沼田。例によって「ここに図書館があるのかあ」と撮影大会していたら勘違いで、市立図書館は3階の連絡通路でつながる裏のビルのほうだった。

図書館は5階建て。閲覧室はそのうち2〜4階だ。個人的には、まちづくり関連の資料を集めたコーナーやカセットテープを貸出していたこと、カウンターから扇状に広がる書架の配置などが面白かった。少年時代の私は池波正太郎の愛読者でもあった。池波の代表作の一つ「真田太平記」の舞台がこの沼田だと蔵書を見て気付く。ちゃんと読んでなかったのか、おい。ちなみにテラス沼田2階には有料の歴史資料館もあり、こちらも必見だ。

街を散歩していると農産物直売所があり、バスツアー客も来店し大盛況。私は果汁のみのトマトジュースを購入。ご当地ものとのふとした出合いが楽しい。駅への帰路は徒歩をおすすめする。転げ落ちそうな下り坂の向こうにすり鉢状の絶景が望めるのだ。

河岸段丘が作り出すダイナミックな景観

交 関越交通バス沼田駅経由の全路線テラスぬまた・市役所バス停か沼田局前バス停どちらかから徒歩3分
住 〒378-0042 群馬県沼田市西倉内町821-1
開 平日9時30分〜19時（4月〜10月）・9時30分〜18時（11月〜3月）、土日9時30分〜17時
休 月曜、館内整理日（変則的なので要確認）、祝日、年末年始
近 JA利根沼田農産物直売所、沼田市歴史資料館

単館系と複合施設系のいいとこどり

さいたま市立中央図書館（埼玉県）

図書館員として働いていた頃から疑問に感じていたのだが、どうして「郷土資料コーナー」は奥のほうにあるのだろうか。と言うのも公共図書館のメインの役割の一つは地元の文化や歴史に関する資料の収集や保存なので、言わばその館の一番の特色、売りどころ。まさにそこにしかないものの宝庫だからだ。

図書館は「使われてなんぼ」の施設だが、つねづね広報面が弱いと思ってきた。ユーザーを増やすための努力をあまりやっていない図書館が非常に多い。そうした「受け身のスタンス」が潜在的に表れているのが、館内における郷土資料コーナーの位置ではないだろうか。商業施設やウェブサイトだとセールスポイントは一番目につくところに設置するのがセオリーだ。これからの図書館は、最大の特色である郷土資料をもっと入口近くに置いたほうがいいと思う。

街の文化や歴史は地元住民も意外と知らないものだ。図書館がここはこういう街なんだとPRするのは、たまに来る旅行者だけでなく日常の利用者にとっても興味深いはず。そういう考え方でいるからか、入ってすぐに郷土資料コーナーがあったり、地元を広報する展示がある館に出合うと妙に嬉しくなってしまう。そんな図書館の一つが、埼玉県の県庁所在地さいたま市の中央図書館だ。全国各地の県庁所在地の中でも同市は特殊な環境にあるように思う。大宮と浦和の、2つの中心地があるのだ。

大宮市、浦和市、与野市が合併したことにより生まれた状況なのだが、これほど大都市圏の、それも拮抗した規模の自治体が合併するのは他に例がないのではないだろうか。両雄並び立つ感のあるさいたま市の中央図書館は、ＪＲ浦和駅のすぐ目の前に建つ商業複合施設の中にある。駅からロータリーでつながり信号を渡らずに行けるので同館も駅図書館と言っていい。

このビルは地階から7階までがＰＡＲＣＯで8階から10階が図書館を含む公共施設のコムナーレになっている。ビル全体の正式名称はストリームビルだそうだ。

浦和駅自体は意外にローカルなムードも併せ持った感じに見えたが、電車から降りた乗客がストリームビルに入っていく人の数が凄まじい。平日の午後2時くらいでこれとは、さすが大都会。

入館するとすぐ目に留まるのがさいたま市についての書籍を並べたコーナー「さいたま専科」だ。おっ、いいですなあ。時間に余裕がなかったのであまりじっくり見られなかったのが残念だ。

館内はまるで単館のように静かな空間になっており、一歩入ると先ほどまでの喧噪など忘れてしまう。ビルには映画館や飲食店もあり、図書館利用ついでに半日遊べそう。

駅前ロータリーにもしっかり図書館の場所を示すサインが

ストリームビルのエレベーターから見た浦和市街地

近々開発がはじまるという駅西口。でもこの「下町感」も捨てがたい

交 JR東北本線浦和駅東口から徒歩2分
住 〒330-0055 埼玉県さいたま市浦和区東高砂町11-1コムナーレ8階
開 平日9時～ 21時、土日祝9時～ 18時
休 第1・第3月曜（祝日の場合は翌々日の水曜）、年末年始
近 浦和PARCO、うらわ美術館

茂原市立図書館（千葉県）

私たち青森県民にとって「茂原市」という自治体名を見聞きした時に浮かぶイメージはほとんどないだろう。もっともそれはお互い様で、千葉県や茂原の人たちも野辺地町について予備知識はないと思われる。ちなみに野辺地町を例に挙げたのに他意はなく、両自治体とも人口が県内19位だから（執筆当時2022年8月時点）。茂原市は約8万5千人、野辺地は1万2千人強と規模は違うけれど。

話題を戻そう。青森県民にとってはさておき、少なくともテレビドラマや映画関係者にとって茂原市は馴染み深い自治体のようだ。同市は多くの場所が撮影地になっている「ロケの街」なのだ。なのだ、などと偉そうに書いているが私もご多聞にもれず茂原市インフォゼロ族で、この街の特色を知ることができたのは市立図書館のおかげだ。

同館を訪ねたその日は、念願の「電車で房総半島を一周旅」実行デイだったのだが、あいにくの天気でどんより曇っていて、時々土砂降りになるという残念な状態。予定ではちょこちょこ途中下車して海沿いの街をぶらぶらするつもりだったがそんな気も失せてしまった。おまけにJRの内房線、外房線ともに想像していたほどには海は見えなかった。あくまで個人的な感想だが、車窓からの海の絶景を楽しめるのは外房線の大原駅と安房鴨川駅間だけのように思える。ただ、太陽に照らされた海はチラリズムでも充分に魅力的なので、単に天気運が悪かっただけかも。

悪天候もありテンションはだだ下がり。泊まるホテルのある千葉駅までそのまま電車に揺られて帰っても良かったのだが、そんな時こそ駅図書館。外房線上総一ノ宮駅から千葉駅方面に2駅目の茂原駅前に、茂原市立図書館があるのだ。駅と併設というわ

高架上の茂原駅から見た市街地

入るビル間違えたかな、と一瞬思う
ゴージャスエレベーター

けではないが駅前ロータリー敷地内に建つ複合施設「南総サンヴェルプラザ」6階にあり、信号を渡らずに入館できるので駅図書館と言っていいだろう。

サンヴェルのエントランスからエレベーターに向かうと、まるでデパートのような豪奢かつクラシカルなそれがお出迎え。それもそのはず、かつて茂原そごうだったらしい。最上階6階で降りるとガラスの向こうに図書館が見えるがすぐには入れず、奥の入口まで歩いて行く構造もちょっと面白かった。

図書館はカウンターをドーナツ状にぐるりと取り囲む形で、やや低めの書架で揃えられている。駅側の壁一面に設けられた窓と相まって、広々とした印象だ。窓から眺める茂原市街もプチ絶景。備品類などから感じられたのは、予算が潤沢でなくても良い図書館づくりに取り組む工夫だ。茂原がロケの街だと知ったのも、館内でパンフをたくさん配布していたから。情報発信に力を入れている図書館を訪ねると何かしらの「発見」がある。行って良かった。雨のおかげ？

JR外房線の車窓から見た海の眺め。晴れの時に見たい

交 JR外房線茂原駅南口から徒歩2分
住 〒297-0023 千葉県茂原市千代田町1-6-1南総サンヴェルプラザ6階
開 10時～19時
休 年末年始、特別整理期間、館内整理日
近 サンヴェルのエレベーター、市内各地のロケ地

青梅市立青梅中央図書館（東京都）

ある時期、仕事でよく上京していた。時間をかけずに飛行機で。あるいは東北新幹線はやぶさのグランクラスでのんびり、といきたいところだが当然そんな経済的余裕はない。早くも老いの気配を漂わせはじめた体に鞭打ち、夜行バスを使うことが多かった。もともと背が高く、近年は横幅も順調に増えてきた。窮屈な夜行バスの座席がほんとうにつらい。眠れない。お気に入りの音楽を聴きながら、暗闇に包まれ遅々として進まない時間をやり過ごす。

そんなわけで、東京に到着する早朝はさわやかな一日のはじまりとはとても言い難く、全身がガチガチだ。この疲労に輪をかけるのが、仕事が午後にあるというスケジュール。上京の所用は音楽ライターとしてのものがほとんどで、その場合業務はインタビューかコンサート鑑賞、トークイベント出演のいずれかになる。どれも昼下がりか夜の仕事だ。

さて、この時間つぶしをどうするか。朝早くから開店しているカフェに入ったこともある。しかしやはり爆睡してしまい、ご迷惑をかけることが多かった。それに、体はちっとも休まらない。インターネットカフェでひと眠りするという手もあるだろう。だが、何が悲しゅうて東京に着いたのに夜行バスと同じような空間で過ごさないといけないのか。なんだか虚しい。

というわけで日帰り温泉を探すことにした。東京駅の近場だと時間つぶしに少々物足りず、きっと時間を持て余すはず。できるだけ遠いところがいい。そこで目をつけたのがJR青梅線河辺駅前にある「河辺温泉　梅の湯」だ。北口を出てすぐの河辺タウンビルBの上層階にあるのだが、なんと下には図書館があるという。もう行くしかない！ここは近年増えている「複合施設系」図書館にあたるが、温泉と同じビルというのはかなりのレアケースだ。

河辺駅は青梅行き特快に乗っても東京駅から一時間強かかる。高層ビルに囲まれた山手線の円の内側から外に抜けると、高架線路をひた走る電車から果てしなく続く住宅街を見下ろすようになる。凹凸で言えば、凹状のメガロポリスの底から凸状の郊外の頂点への変化のダイナミズムがJR中央線の車窓風景の楽しさだろう。

河辺駅北口を出ると、弧を描くペデストリアンデッキの美しさに目を見張る。私は駅前ロータリー好きで写真集を出したいくらいなのだが、ここのデッキはひょっとしたら日本一の造形美かもしれない。温泉は午前10時からなので、まずは9時開館の図書館へ。白い壁とフローリングの床が基調の明るい館内だ。一時保育コーナーがあるなど、子どもを育てる親御さんに優しい図書館という印象を持った。

駅からほんの少し歩くとまだ昭和の香りを残す街並みもあり、郊外独特ののんびりした静けさも楽しめる。仕事がなければもっと長居したい街だ。

日本一美しい？ペデストリアンデッキ。
連絡通路の網ガラス越しに

温泉と図書館、両雄並び立つ感

駅から少し歩くと昭和な街並みが広がる

交 JR青梅線河辺駅北口から徒歩1分
住 〒198-0036 東京都青梅市河辺町10-8-1 河辺タウンビルB2 ～ 4階
開 9時～ 20時
休 第3月曜、第3火曜、年末年始、特別整理期間
近 河辺温泉梅の湯、河辺駅北口ペデストリアンデッキ

「海のない湘南」に建つノスタルジック図書館

藤沢市総合市民図書館（神奈川県）

神奈川県の藤沢市は旅の途中で通り過ぎることが多く、いつも気になっていた。メイン駅の藤沢駅はJR東海道本線、江ノ電、小田急といくつもの鉄道路線が発着するターミナル駅だ。線路が集まるところには人が集まる。活気ある街なのではという想像がふくらむ。実際乗降客が多く、電車の中からも街のにぎわいが感じ取れるような気がする。とは言えなかなか行く用がなく藤沢市はいつも通過点だった。

すると、私が東京でトークに出演する翌日に仕事仲間の出版社が藤沢市近くのイベントで出店するという情報が。その出版社とは夫婦で営む横浜の出版社「星羊社」。県内読者にはご記憶の方も多いかも。2017年刊行の青森市のガイド本「めご太郎」が県内ベストセラーランキングに名を連ねたのだ。妻の成田さんが青森市出身なのでこの企画が生まれた。対象テーマを県内全域に広げた第二弾も2019年に発売。私は2冊ともにエッセイを寄稿していて、それが縁で二人とは軽い飲み友達でもあった。

成田さんたちが出店したのは相模鉄道いずみ野線南万騎が原駅前の「みなまき一箱古本市」。横浜市中心部を離れるといずみ野線沿線の車窓風景は複雑な丘陵地帯に住宅地や団地が点在し、見ていて飽きない。市で予定通り星羊社ご夫妻との短い談笑のあと、いよいよ念願の藤沢入りへと突入する。

藤沢市のメイン駅は先に書いたとおり複数路線が出入りする藤沢駅なのだが、いわゆる中央図書館にあたる総合市民図書館は同駅の近くにはない。同館は相鉄いずみ野線の終点「湘南台」駅から徒歩10分くらいの場所にある。丘を抜け眼下に街がひらけてくると、列車はすぐ地下に潜り湘南台駅に着く。しかしこの駅もいずみ野線、小田急江ノ島線、そして横浜市営地下鉄ブルーラインが集結するターミナル

紅葉が美しかった湘南台公園

ようこそとしょかんへ。
すぐ右にある階段を下りると子ども図書館

駅だった。各路線をつなぐ広大な地下空間には人通りも多く、藤沢市の活気を見る思いだ。

東口から地上に出ると駅前ロータリーは小ぢんまりして、静かなベッドタウンのムード。SFっぽいデザインが目を引く湘南台文化センターを左手に眺めながら歩くとそのまま湘南台公園に入る。晩秋の彩りを楽しむ親子連れが目立つ園内で右折し、中学校を通り過ぎると藤沢市総合市民図書館に着く。入口が多くて大きく迂回する必要がなく、初訪問者に親切な設計の館だ。意外とこういう館は少ない。

館内はレールで横移動するはしごなど昭和的図書館の名残がかなり見られるが、地階の子ども図書館を眼下に見下ろす吹き抜けや弧を描く全面ガラス張りの側壁など複雑な構造が面白い。その壁いっぱいの窓からたっぷりと採光する子ども図書館は地階なのに館内で一番明るい。外に通じるドアからイスやテーブルが並ぶ屋外スペースに出ると、業務で使用しているらしきタオルがたくさん干されていて、わけもなくほっこりした。

摩訶不思議デザイン炸裂の文化センター

交 相鉄いずみ野線・小田急江ノ島線・横浜市営地下鉄ブルーライン湘南台駅から徒歩10分
住 〒252-0804 神奈川県藤沢市湘南台7-18-2
開 火金9時～19時、火金以外9時～17時
休 第2・第4水曜（休日の場合その後最初の平日）、年末年始
近 湘南台文化センターこども館、湘南台公園

a library walker in CHUBU

中部

燕市立分水図書館（新潟県）

もうすぐ桜の季節がやってくる。桜は個人的に思い出深い花だ。少年期の私は家庭環境が少々複雑だったせいか精神的にまっすぐ育ったとは言い難く、非常にねじくれた考え方の人間になっていた。その「ねじれ」の最たる現象が2つある。

1つ目は女性の「美人」とか「かわいい」が全くわからないということだ。要するに、クラス一の美少女と言われている子と他の子のルックスの上下感がわからない。ゆえに、見た目など関係性によって感じ方がどうとでも変わると考える、老成した少年だった。とは言えその感性は中年になった今も変わっていない。別に女性受けを狙っているのではなく、自分では一種の相貌失認のようなものだと考えている。ただ私はこの「症状」によって人生に困難を感じたことはない。むしろルッキズムに惑わされず得したと心から思っている。

一方で、今は改善されたねじれもある。その治癒のきっかけになったのが桜の花だ。オラシオ少年は美人と同じく、あらゆる花の美しさがわからなかった。ところが弘前の大学に進学し、はじめて弘前城公園の満開の桜を見た時、私の心の中の何かが変わった。素直に「きれいだな」と感じたのだ。以来桜の花は、私の人生を彩る大切なものの一つになった。桜の季節には名所を探して旅するし、散歩中に桜の樹の下で休憩しつつプチ花見と洒落込むこともある。

ある年の春の甲信越地方をめぐる旅でこんなことがあった。新潟駅から柏崎駅へと南下するＪＲ越後線の列車に乗っていた時のこと。遠くに弥彦山を望みつつ、広大な越後平野の眺めを楽しんでいたら突然、満開の桜に覆われた駅のホームが目に飛び込んで来た。そよ風に煽られての桜吹雪も鮮烈だった。列車はあっと言う間に出発し、後ろ髪引かれ感が半端

新潟県に多い焦げ茶色の道路。
この複雑な曲線も不思議

分水駅の西側を流れる大河津分水路

ない。

一瞬の衝撃を記憶に刻み付け、駅はどんどん遠ざかっていく。すぐに調べると、分水という駅名で新潟県内の有名な桜の名所らしい。ああ、あの駅に降り立ってみたい。桜をのんびり眺めたい。旅のさなかも鮮やかな桜吹雪の残像がちらついていた。

その時の旅は最後に新潟県の長岡駅前に宿泊する予定になっていた。越後線は運行本数がとても少ないが、バスで長岡駅まで行くことにすれば駅や周辺の街歩きが充分に楽しめることがわかった。分水駅は燕市内だ。どうせ散歩するなら図書館もあればなあ。ダメ元で調べてみたらなんとあったよ。駅から約1キロの公民館内に、燕市立分水図書館が。

駅の桜は数日経って少し散っていた。それもまた趣きがある。その眺めをたっぷりと楽しんだあと、図書館に向かう。引き戸の向こうにある隠れ家のような図書館も、新潟県特有の焦げ茶色の道路や複雑な曲がり角も楽しい。分水駅の桜が演出した、偶然の出合いだった。

桜に彩られた分水駅

交 JR越後線分水駅から徒歩15分
住 〒959-0128 新潟県燕市分水新町2-5-1
開 平日9時30分～20時、土日祝9時30分～17時
休 第2月曜、年末年始、特別整理期間
近 分水駅の桜、地蔵堂本町の街並み

新潟市立新津図書館（新潟県）

図書館員時代不思議だったのは、新人さんの中に図書館への熱い愛情を持つ人が一定の割合でいることだった。ただ残念ながら、働く前に持っている図書館への印象は好意まじりの勘違いであることが多い。実際には図書館愛はその人の図書館員としての適性にほとんど関係ない。もし図書館で働きたくなったら、面接でアピールすべきは図書館愛や「趣味は読書」ではなく、図書館を普段使いしていて資料の配置や分類のルールをある程度理解しているという点にしたほうが良い。

閑話休題。今でこそ図書館ウォーカーを名乗って旅先で図書館を訪ねることをライフワークにしているが、図書館に特に強い思い入れを持たない自分がそれを趣味だと明確に自覚したのは比較的最近のことだ。数年前まで働いていた図書館は、2月に館内整理期間と称し半月の休館日を設けていた。施設の性格上、土日祝も暦も関係なく働きづめ。だからまとまった休みをとれるのはその期間しかなかった。

私は毎年この長期休暇を帰省ついでの旅行に充てていた。飛行機で行けば数時間で済むところを、電車やバスを乗り継ぎ数日かけて大阪まで帰るのだ。ある年の帰省旅は、まずJR東北本線を南下し郡山からJR磐越西線で会津若松へ。そのあと新潟方面に抜け、日本海沿岸を南下しながら大阪に向かうというコースだった。

磐越西線は本数が少なく新潟県まで直通の便は数時間に一本。そんなダイヤの都合もあり、新潟県の新津駅で信越本線に乗り換える際1時間以上の空き時間ができてしまった。当時はまだスマホを持っておらずその場でネットを使って調べられない。新津で何をしたら良いのかわからないので駅にある周辺地図を見てみた。すると徒歩10分くらいの場所に新潟市立新津図書館があるらしい。他に何も思いつかないので、トコトコ歩いて行くことにした。

　図書館は細い川を渡った向こうにある。この川のところどころに油膜が張っていて驚く。それが平凡なはずの景色を印象深いものに変えてしまった。図書館も新しくできたばかりのようだ。ホワイトやガラスが活かされたシャープなデザインと鈍い色の川面や冬空とのコントラストが印象的だった。

　実際に歩いてみるとその街の個性が見えてくるし、街なかにおける図書館の佇まいを肌で感じる楽しみがある。それをこの新津散歩で知った。後日調べたら、川の油はかつて日本一の産出量を誇った新津油田由来のものらしい。図書館の近くには油分の多い独特の泉質で有名な新津温泉もあるそう。街を歩いて感じた疑問の復習もまた楽しからずや。

　この旅をきっかけに、私は意識的に「旅のついでに図書館へ」行くようになっていく。新津は、図書館ウォーカー誕生の地なのだ。

街歩きはこういう建物を見つけるのが醍醐味

川から見上げた新津図書館

この川の変わった濁りの色が強く印象に

交 JR磐越西線・信越本線・羽越本線新津駅から徒歩12分
住 〒956-0863 新潟県新潟市秋葉区日宝町6-2
開 平日・土曜10時～ 19時、日祝10時～ 17時
休 金曜、第1水曜、年末年始
近 新津温泉、新津川河川公園

南魚沼市図書館（新潟県）

20代の頃、東京に住んでいた。青森市に引っ越してくる直前までバイトしていた会社には自分と年齢が近い男性社員が何人かいて、よく飲みに連れて行ってもらった。当時は私も若く傲慢でかなり傍若無人な発言を繰り返していたので、彼らとは時々口論になったりもした。残念ながら今もあまり成長していない。ただ若さだけが失われた。恥ずかしい青春話はこんなところにする。それに今回の舞台は東京でもない。

当時その会社で特に仲良くしてくださっていた同世代社員の一人に、新潟県の南魚沼出身の人がいた。彼は確かアニメ関係の専門学校に通うため上京してきたのだったと記憶する。結局紆余曲折あって会社員に。そんな彼はよく「東京で買った米は食えない」と言っていた。そんなに違うのかと驚いた記憶がある。南魚沼は米の名産地だ。実家には極力頼らないと言っていた彼は、米だけは送ってもらっていると打ち明けた。また、東京に出て最初に働いたレコード店の後輩は香川県出身で、彼も「東京にうどんはないです」と断言していたことを思い出す。二人とも穏やかな人柄なのに、その時だけは厳しい表情をしていた。でもまあ、私にもそういうものがある。お好み焼きだ。関西以外の地域で、なかなか「これは本物や」と思えるものに出合えない。

ある年の4月、旅の途中で南魚沼市に立ち寄ってみた。告白するとその時、南魚沼出身の彼のことを全く思い出さなかった。われながらひどい。すると薄情な私を罰するためか、南魚沼市近辺を季節外れの暴風雪が襲った。長岡駅で南魚沼の中心部にある六日町駅に向かう列車に乗ったら、激しい雪で外の景色が全く見えなくなった。しかも街の居酒屋でご自慢の米を使ったランチでもと考えていたのに、な

季節はずれの猛吹雪に包まれる南魚沼市図書館

ほくほく線の駅にて

ララ内側に向いた壁には展示スペースも。
木の温かみが嬉しい

ぜか入口が見つからない。地図アプリが示す辺りをうろうろしていると殴り倒すような雪に襲われ、あきらめて駅前の複合施設に逃げ込んだ。

その施設「ショッピングセンターララ」にはスーパーに医院や薬局、南魚沼市図書館などがテナントとして入っていた。図書館は「えきまえ図書館　本の杜」の愛称を持つ。ララは名産の米の白色と真逆の、真っ黒な外観がとても印象的な建物だ。硬質なファサードのイメージを裏切り、館内はホワイトカラーの素材と木材をメインにした内装でぬくもりを感じた。外が吹雪だから余計にそう感じたのかもしれない。ゆったりした空間設計にもリラックス。

ランチを隣のスーパーで物色する。旅先で地元の食品売り場を見るのも趣味の一つだ。南魚沼産のお米を使ったおにぎりを買い、近くのベンチでぱくり。うまーい！直江津に抜けるため北越急行ほくほく線に乗る。雪はさらに激しくなり、乗っていた女子高生たちが「ちょ、雪ヤバくない？」と言っていた。地元の人も驚く季節外れの雪を見られて、満足だ。

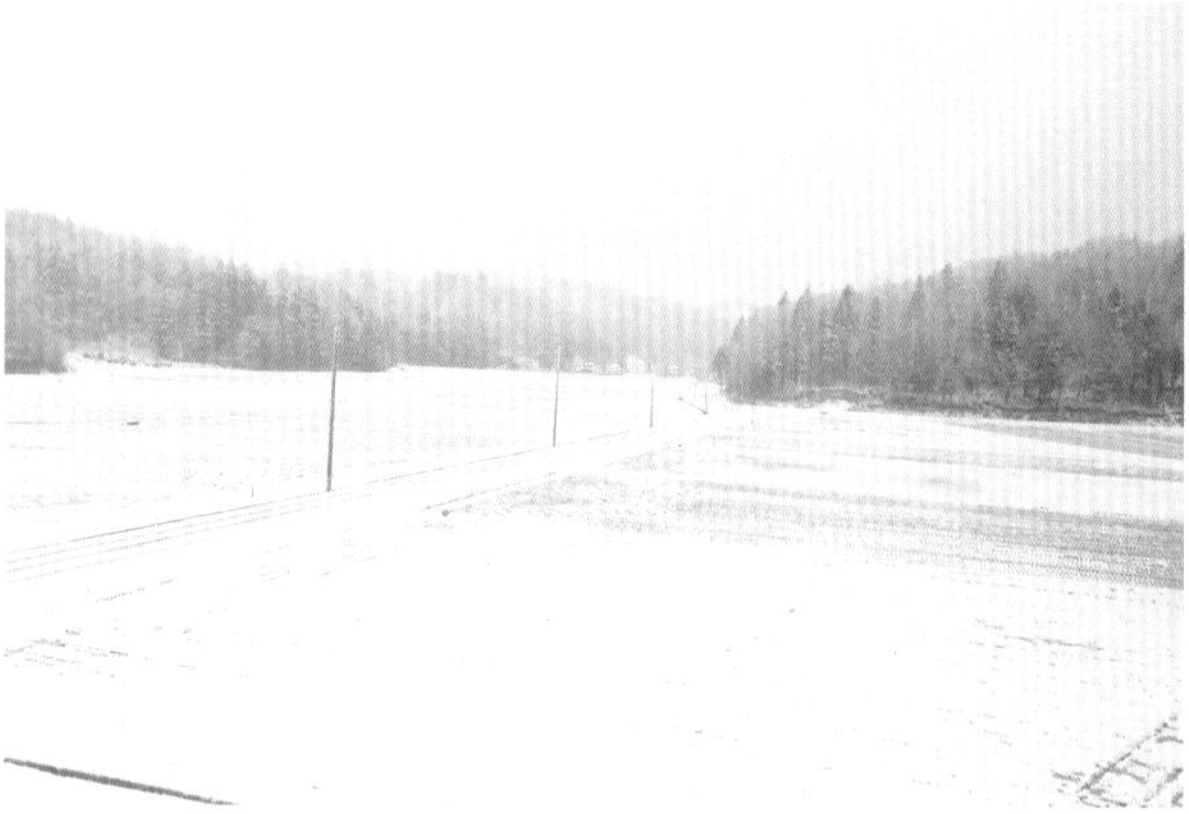

ちょ、雪ヤバくない？　ヤバいかもだけど美しいよね

交 JR上越線・北越急行ほくほく線六日町駅東口から徒歩１分
住 〒949-6680 新潟県南魚沼市六日町101-8
開 平日9時30分～20時、土日祝9時30分～19時
休 第1・第3木曜、年末年始
近 ショッピングセンターララ、六日市温泉湯らりあ

滑川市立子ども図書館（富山県）

富山県のことを想うたびに羨望の気持ちを抑えられない。そびえ立つ立山連峰や美しい日本海の景観を誇り、なにより食べ物がおいしい。山に海にグルメと来れば我が青森県も好条件が揃っているはずだが、明暗が分かれている気がする。実際、県内自治体の「住みたい街」や「住みよさ」ランキングでも大きく水をあけられている。

象徴的なのがコンパクトシティ政策。富山市が成功の、青森市が失敗の代表例とされている。とは言え青森県には不利な条件も多く単純比較するのも無理がある。青森県は地形も複雑で面積も広く、県内の大部分が豪雪地帯だ。対して富山県は全部で15しか自治体がなく、ほとんどの街の中心部は日本海沿岸の狭いエリア内にまとまっている。言わばコンパクト県なのだ。

そんな富山県の図書館トピックとしては、隈研吾設計の複合施設ＴＯＹＡＭＡキラリ内にある富山市立図書館本館や、県内に3つも鉄道駅併設図書館があるなど話題に事欠かない。だがここであえて個人的イチオシの、海も山も眺められて入浴施設もあるというスペックてんこ盛りの図書館をご紹介したい。滑川市立子ども図書館だ。滑川市は富山県内15自治体のうち2番目に面積が小さく、まさにコンパクトシティ。市内には鉄道路線2つがほぼ重なって走り、双方合わせると列車は1時間に数本になる。

当初のプランでは本館にあたる滑川市立図書館のほうが目的地だった。と言うか子ども図書館はそもそも存在を知らなかった。滑川駅を降りてからぶらぶらと海岸へと歩く。紺碧に輝く富山湾を眺めたら、ノスタルジックな古い街並みを通って滑川市立図書館に向かう。こちらも愛すべき図書館だ。4階の休憩室から山と海が望め、2階には緑豊かな公園を眼下に見下ろす屋外テラスも。屋内カウンターでコーヒーを販売しているのも面白い。

同館のテラスから望める公園のすぐ横に、ガラスと鉄材で囲まれた滑川市民交流プラザのかっこいい姿が見えた。気になったのでこちらにも入ってみることにする。フロア中央に屋上階の6階天井まで届く円形の吹き抜け。その6階に展望コーナーがあることがわかり、エレベーターに乗ると上昇中に2階の子ども図書館が見えた。帰りに寄ってみよう。屋上からの眺めはまさに絶景だ。市街地、立山連峰、日本海をほぼ360度楽しめる。そして5階には「あいらぶ湯」という銭湯が。時間の都合で入浴を見送ったのが唯一の心残りだ。

子ども図書館は大企業の自社内託児所といった感じの、明るく清潔ですっきりした内装だ。2階ながら海がちょこっと見える部屋もあった。すぐ近くのショッピングモールには書店もあり、滑川に住むと必要最低限よりはるか上の「健康で文化的な生活」が送れそうだ。やっぱり富山県がうらやましい！

滑川市立図書館と桜

市民交流プラザ展望コーナーから見た富山湾

すぐ近くのショッピングモール。左側に書店が

交 あいの風とやま鉄道・富山地方鉄道滑川駅から徒歩７分
住 〒936-0033 富山県滑川市吾妻町426滑川市民交流プラザ2階
開 平日9時～ 19時、土日祝9時～ 18時
休 水曜日、年末年始
近 滑川市立図書館、ほたるいかミュージアム

駅から2分、ホテルから1分

七尾市立図書館

（石川県）

最近は他の施設と併設の「複合施設系」図書館が飛躍的に増えたが、併設された施設のほとんどが公民館や市役所支所などの公共系か、スーパーや道の駅のような商業施設だ。しかし図書館はほんとうに多様で、数少ないもののホテルと併設という館もある。今回ご紹介するのは石川県の能登半島内にある七尾市立図書館だ。

七尾という地名にピンと来なくても、市内にある一大観光地「和倉温泉」ならご存じのはず。この一帯には日本一の温泉旅館と名高い加賀屋はじめ高級旅館がたくさん建っている。七尾市立図書館はJR七尾線七尾駅のすぐ目の前にあるのだが、実は七尾線の終点は七尾ではなく一つ北の和倉温泉駅だ。七尾線なのに。ともかく、ほとんどの観光客が七尾を素通りして和倉に行ってしまうことが予想できる。だが市の中心部は七尾駅周辺なので、地元住民との住み分けができていいのかもしれない。

旅好きの人はどこか特定の場所が好きなのではなくて、旅という行為自体に快楽をおぼえるのだと思っている。つまり行き先はどこでも良く、選択肢は無尽蔵に存在する。世界にいくらでも行きたい場所がある気まぐれな旅人たちに「もう一度」と思わせるのは至難の業だ。それは私においても同様なのだが、能登半島は数少ない再訪候補だ。

単純に景色が良いというのもある。日本有数の巨大な半島なので、もっとのんびり周ってみたいとも思わせる。しかし一番の理由に「観光パンフレット」を挙げたい。私は旅先で観光客向けのパンフを集めるのが好きだ。それらを読めば、その街の空気がなんとなくわかる気がする。例えば美しい写真やデザイン、見やすいレイアウトからは、若い世代のセンスや外部の人の価値観を積極的に採用する風通しの

ミナ．クル１階はなんだか
ヨーロッパの街っぽい

市街地側から見たミナ．クル（左側）

良さを感じ取ることができる。七尾に限らず、能登半島の各スポットで配布していたパンフはどれもレベルが高く、驚きと羨望を感じた記憶が強く残っている。そしてまんまとまた来たくなってしまった。

七尾市立図書館は駅前の複合施設ミナ・クルの3階にある。このビルの4〜6階がホテルアリヴィオだ。訪問時はミナ・クルの隣にもう一つ複合施設が並んでいたのだが、一方のパトリアは閉店や破産を繰り返すなど紆余曲折ありつつ、別の管理会社による運営で2021年に復活。今はニトリやドンキホーテがテナントになっている。

訪問は十数年前のことで街も図書館もあまり記憶がないのだが、駅前が広々としてさわやかで、並び立つ2つの大きなビルに「都会や!」と感じたおぼえはある。七尾の街をたっぷり楽しんだら、最後に穴場コースをおすすめしよう。北鉄能登バスで七尾駅前から脇バス停に行き、加越能バスで脇から富山県の氷見に抜ける県境越え沿岸バスリレーだ。富山湾の穏やかな眺めにほんわかすること請け合い。

水田の中に佇む JR 七尾線金丸駅

交 JR七尾線・のと鉄道七尾線七尾駅から徒歩2分
住 〒926-0046 石川県七尾市神明町1 ミナ.クル3階
開 10時〜 18時
休 資料整理日、年末年始
近 石川県七尾美術館、道の駅能登食祭市場

あわら市金津図書館（福井県）

福井県と言えば、どのようなイメージを抱くだろうか。最も有名なのは観光地の東尋坊かもしれない。私も何度か行ったが、あいにく高所恐怖症のため楽しさ半分怖さ半分だった。私にとっての福井県は「住みやすそうだな」に尽きる。福井県は「都道府県幸福度ランキング」でトップ3の常連だからだ。

福井市内の大学に准教授として勤務する高校時代の級友が、京都に住んでいた妻子を呼び寄せ同市に完全移住したことも印象に残っていた。福井県の幸福ポイントには「子育てしやすい」も含まれる。ただし注意も必要だ。福井県には三世代同居世帯が多いからだ。三世代同居する世帯の割合は全国平均の実に三倍にのぼっている。つまり子どもがいる夫婦はどちらかの同居親に育児をお願いしやすいのだ。こうした風土が住みよいかどうかは夫婦による。移住者の場合は親までついてこないだろうし。

とは言え、福井県の各地を訪ねてみると確かに住みやすそうな空気を感じる。言葉で説明するのは難しいのだが、なんだか見えるもの全てがのんびりしているのだ。ネットで見る限り、福井県民は自県についてやや自虐気味だが、それも結局、幸福度上位の余裕がなせるわざだろう。語尾を上げ気味にのばす独特の響きの方言にも穏やかな気風が感じられる。聴くとなかなか面白いので、ぜひ現地で地元の人たちの会話に耳を傾けて欲しい。

そんな福井県の最北部にあるのがあわら市だ。あわら市と言えばなんと言っても「あわら温泉」がまず思い浮かぶが、意外にも県内唯一の温泉名所だ。北側のお隣、石川県加賀市には複数の温泉地があるというのに。福井県民の自虐はこんなところからも生じているのだろうか。温泉街の最寄り駅はえちぜん鉄道三国芦原線あわら湯のまち駅だが、４キロ東に

ＪＲ北陸本線芦原温泉駅もありややこしい。

せっかくだから後者で降りて、のんびりムードを味わう街歩きも乙なもの。駅前の街なかを流れる竹田川は日本海寸前で「崩れ川」の異名を持つ九頭竜川に合流するが、ここではとても穏やかな水面だ。右岸をぶらぶら進み、適当なところで右折し住宅街を歩いていたら、道の突き当りに神社が見えてきた。旅先で神社を見たらできるだけ行くようにしている。近づいて行くと、鳥居のすぐ横にきれいな建物が建っていた。どうやら公共の複合施設のようだ。これは中に図書館もあるのでは？

勘は正しく、１階にあわら市金津図書館があった。この建物は金津本陣ＩＫＯＳＳＡといい、もともとショッピングセンターだったものを改築したらしい。なんたるお導き。ところが肝腎の図書館についてはなぜかすっぽりと記憶が抜け落ちている。あわら温泉に向かうバスの出発時間が近づき、慌てて神社へのお参りを忘れたからだろう。つまり、もう一度来いということなのかな？

おだやかな竹田川の流れ

IKOSSA すぐ横の金津神社

大根おろしをかけて食べる越前そば。
芦原温泉駅前の食堂にて

交 JR北陸本線芦原温泉駅から徒歩８分
住 〒919-0632 福井県あわら市春宮2-14-1金津本陣IKOSSA1階
開 9時30分～ 18時
休 月曜、第4木曜、年末年始
近 ファミリーレストランまえだ屋、あわら市郷土歴史資料館

甲斐市立双葉図書館（山梨県）

コロナ禍の今、私たちはニュース番組で報道される各都道府県の感染者数に目が釘付けだ。その数の増減に一喜一憂しているわけだが、一貫して低い数字を保っている県がいくつかある。鳥取、島根、山梨の各県だ。東北では秋田も気を吐く。これはあくまで個人的な感想なので、統計的にはそうでもないのかもしれないことはあらかじめお断りしておく。

それにしても山梨。東京のすぐ隣なのだ。その地理的条件を考えると驚異的なコロナ防御率だと言ってもいいだろう。道路だけでなく鉄道でもつながっているので、少なくない人の往来があるはずなのに不思議だ。東京と山梨の紐帯となり、やがて名古屋に至るＪＲ中央本線のうち、東京塩尻間は「中央東線」と呼ばれる。この東線は景観別に大きく3つのパートに分かれている。東京から新宿までは高層ビルの谷間を進み、大久保を過ぎた辺りから住宅地を見下ろすようになる。そして高尾以西はひたすら山地を行く。

中央東線が貫く山梨県を地図で見ると、山岳地帯に囲まれたちょうど真ん中辺りに、さながらドーナツの穴のように小さく平野部があることがわかる。ドーナツ本体にあたる山々が、コロナに対する堅牢な盾になっているのかもしれない。ささやかに展開する平野地帯には押し寿司のように自治体がひしめき合う。その中の一つ甲斐市に、富士山の眺めが魅力と謳う双葉図書館がある。甲斐市は甲府市の西隣で、中央東線の駅で言うと竜王駅と塩崎駅が市内に属する。双葉図書館の最寄りは塩崎駅のほうで、徒歩で10分かからないくらい。

この図書館に立ち寄ったのは駅からそこそこ近かったからというだけで、完全に旅のついで。駅そのものには何も期待していなかった。しかし、なか

細部までじっくり見たい塩崎駅のデザイン

併設の双葉ふれあい文化館のガラス壁

なか面白いデザインで楽しませてくれた。無人駅ということもありホーム自体はローカル駅の風情だが、駅舎に入るとその雰囲気は一変。シックな文化ホールのような空間になり、その落差に頭が一瞬ついていかない。白い石造りで角が丸く処理されていることが上品さを演出している。ロータリーの屋根やスロープの設計も美しい。誰もいない駅で興奮しつつひとしきり写真を撮りまくった。

図書館はふれあい文化館との併設で、半円形に平べったく飛び出しているのが特徴的。その半円の周囲はぐるりとガラス窓になっていて、なるほど眺めが良さそうだ。ただまあ、富士山が見えると言ってもさすがに先端部だけだし、近くのパチンコ屋のほうがよほど目立つ。「おっ、今日は見えたぞ」と小さなしあわせをかみしめるタイプの景色だろう。私が利用者ならその眺めを「今日の運勢」占いに使うかも。特筆すべきは、交通量の多い国道がすぐ横にあるのに静けさが保たれていること。活気のないさびしさではなく、落ち着いた静寂がそこにあった。

JRで甲府盆地を西に抜けると見えた桃源郷のような車窓風景

交 JR中央本線塩崎駅から徒歩5分
住 〒400-0105 山梨県甲斐市下今井230
開 平日10時～19時、土日祝9時～17時
休 月曜、月水金の祝日、最終平日、年末年始
近 塩崎駅舎、中央本線の車窓風景

南木曽町《なぎそまち》公民館図書室
（長野県）

20代の頃6年間だけ東京に住んでいた。アパートが杉並区、最後に3年以上バイトしていた職場が大久保駅近くにあったため、JR中央線にはずいぶん乗った。中央線は名古屋まで続く長大路線だ。いやいや、東京から名古屋までなら東海道本線じゃないか。そう言いたくなってしまうのだけれど山梨、長野、岐阜の各県を経由して名古屋に至るルートも存在するのだ。それが中央線だ。

中央線は東京駅から高尾を経て塩尻駅まで北西の方向に進み、塩尻駅からは岐阜県中津川市経由で名古屋へと南下する。塩尻から南の区間には中央西線という通称があり、中津川駅までの電車の本数は極端に少ない。私がその中央西線に乗ったのは今のところ二度だけ。はじめての時は夏真っ盛りで、緑と青空が美しく映える季節。木曽川をはるか眼下に望み、険しい山間部を縫うように走る列車からの車窓風景の中で特に私の心をとらえたのが、山肌にすがりつくようにして広がる街並みだ。

二度目に乗った時、岐阜県との県境に位置する長野県南木曽町の中心部、南木曽駅で降りてみた。同町にはかつて中山道の要所として栄えた宿場町「妻籠宿」という観光名所があり、南木曽駅前から妻籠経由で同じく宿場町の馬籠まで行くバスも出ている。公民館図書室がある南木曽会館は、その馬籠行きバスで駅から5分ほどの集落内に建っている。

その昔、鳥取県で某自治体の町営バスに乗ったら車内表示もなく運転手の放送もなく、降りたいバス停がいつ来るかわからず困ったことがある。その経験上、不安な時は乗車時にあらかじめ目的地を運転手に告げることにしている。今回もそうした。すると運転手さんが「あれ、南木曽会館で何かありましたっけ」。こちらは明らかに観光客風情だし、催しでもなければよそ者が行くはずもない施設なのだろう。「図書室を見に行きたいんですよ」と返事すると「へえ」とさらに訝し気な表情になった。まあ、よくあることだ。

南木曽会館はその無骨な外観から想像できないほど館内が明るい。ガラスで囲まれた吹き抜けの中庭があり、そこから日光が広がっているのだ。中庭の鯉が泳ぐ池と水車の存在が微笑ましい。ところが館内のあちこちに本棚が点在するものの肝腎の図書室が見当たらない。職員さんに訊くと「部屋自体はなくて、その辺の本棚一つ一つがそれって言うか」と返され、二人で笑い合う。中庭に面した廊下にはいくつもイスやテーブルがある。すぐそばの棚から本を取って、水車と鯉を眺めつつ読書するのんびりした日常が思い浮かぶ。

帰路は入浴剤を溶かしたように鮮やかなライトグリーンの木曽川を眺めつつ、のんびり歩いた。対岸の山肌には紅白に咲き乱れるツツジが。ミツバツツジは南木曽町花なのだ。

たっぷり採光のガラス越しに眺める中庭
謎の水車や池も実に味がある

南木曽会館内の至るところにある書架

木曽川、ミツバツツジ、桃介橋の絶景セット

交 JR中央西線南木曽駅から徒歩20分
　おんたけ交通バス馬籠線または保神線南木曽会館前バス停からすぐ
住 〒399-5302 長野県木曽郡南木曽町吾妻52-4南木曽会館内
開 9時～ 22時
休 年末年始
近 妻籠宿、桃介橋

美濃加茂市中央図書館（岐阜県）

岐阜県と富山県を結ぶJR高山本線には苦い記憶がある。ある年の冬、帰省先の大阪から同線経由で富山側に抜け、そのまま日本海沿いを北上して青森に帰ってくるという計画を立てた。ところが出発前日から猛烈な腹痛に悩まされた。おまけに当日はあいにくの雨で、体調不良も相まってこの路線自慢の車窓風景を全く楽しめなかった。

途中で高山市に寄ったのだがなぜか市街地のあちこちが工事中で古都の情緒はほとんど感じられず。腹痛をおして食べたラーメンや飛騨牛の串焼きもあまり味がしなかった。高山から富山への特急内では疲労が重なって爆睡。終点の富山駅で車掌に揺り起こされてようやく覚醒する有様。だから高山本線は天気と体調の良い時にリピートして、この散々な思い出を上書きしたいとずっと思っていた。

同線は沿線のほとんどが険しい山脈に挟まれ飛騨川や神通川沿いを走る絶景路線。というイメージが強いためか、岐阜駅から美濃加茂市の美濃太田駅に至る平野部については触れられることがあまり多くない。美濃太田駅も高山本線山岳パートの玄関口のような印象が強い。ところがこの駅は、刃物で有名な関市に至る長良川鉄道や可児市を経て多治見市へと向かうJR太多線も発着する交通の要所だ。再訪時に駅前のホテルに泊まったのだが、周辺にはのんびりした感じの街並みしかないこの駅のそばに大きな宿泊施設があるのは、要所ゆえなのだろう。

高架駅になっている駅舎もなかなか魅力的なデザインだ。一階部分は城壁状のがっちりした石造りで、二階は2つの曲線が重なる屋根と全面に張られたガラスが目立つシャープなフォルム。駅前ロータリーにはどこかに設置されたスピーカーから地元コミュニティFMラジオ番組の音声が流れ、そのローカル

えっ、ここ入って行くの？
アプリに導かれた墓地

美濃太田駅

な空気にほっこりしてしまう。

駅から美濃加茂市中央図書館までは徒歩で10分ちょっとくらいの道のり。道が直角ではなく斜めに交わるところが多いため、それに合わせて鋭角にデザインされた尖った建物が目立つ。こうして街のちょっとした特徴を見つけるのが、図書館への道を行く時の楽しさだ。

たどり着いた図書館の外観はあえて言うなら昭和の公共施設といった感じの、角ばって堅固なブロック塀造り。しかし館内ではそのレトロ風味がすばらしい美の空間を作り出していた。この館の床はピカピカに磨かれた寄木張りなのだ。窓から差し込む光を反射し輝くさまが実に見事で、しばし見とれてしまった。勝手に日本一美しい床の図書館と命名した。

南側にある木曽川に向かう。地図アプリが示す最短ルートを見ながら歩いていたら、墓地の中に導かれた。なんと墓地の中心が小さな十字路になっていて、地元のおばあちゃんとすれ違う。勝手に墓場クロスロードと命名した。

ブラジル人が多く住んでいるらしくポルトガル語併記

交 JR高山本線・太多線、長良川鉄道美濃太田駅から徒歩10分
住 〒505-0041 岐阜県美濃加茂市太田町1921-1
開 平日10時～ 18時、土日祝10時～ 17時15分
休 月曜、最終水曜、年末年始
近 美濃太田駅舎、木曽川緑地ライン公園

アーバンとローカルのはざまで

静岡市立御幸町図書館（静岡県）

俳優としての武田鉄矢の到達点は映画シリーズ「刑事物語」だと思っている。実にシンプルで良質のエンターテインメントで、最終的にいつも愛に報われない主人公像もいい。刑事物語にはちょっとした思い出がある。

弘前市が舞台のシリーズ第2作冒頭、武田扮する片山刑事が土手町の坂を下りてくる。大学進学で弘前に引っ越して来た時、そのシーンに映っていた看板が本当にあることにとても感動したのだ。シリーズ全5作で片山刑事は日本全国いろんな街に赴任する。記念すべき第1作は静岡県の沼津市が舞台。インターネットなどない時代、映画から受け取る印象や情報は今よりもずっと強烈だ。長らく静岡県と聞けば私の脳内で刑事物語第1作の映像が流れた。

青森市から大阪に帰省する私にとって、静岡県の場所は微妙だ。大阪は東京を発って各駅停車を使っても1日のうちに着いてしまうので、東京に前泊し静岡県は通過するプランにする。だが通過しすぎて逆に気になってきた。忘れてはいけないが、静岡と浜松、2つの政令指定都市を抱える県でもある。にぎわっている都会も好きなので、ある年の春、帰省ついでに静岡市に泊まってみることにした。

日本の太平洋側を旅するといつも痛感させられるのがJR東海道本線という公共交通の大動脈たる存在感。どの時間帯でも、東京から名古屋間で列車がスカスカになることがほとんどない。単に人口の違いだと言えばそれまでなのだけれど、鉄道の廃線が危ぶまれている地域との格差についてやはり考えさせられる。東海道本線は大都市を数珠つなぎにする路線だが、東京都内の主要地区にくらべ、横浜や静岡などの政令指定都市にはそこはかとないローカル感が漂っているように思える。

それは街並みや建物など、目に見えるものの総体が醸し出す「におい」や「空気」のようなものなのだろう。都会感とのハイブリッドムードも楽しい。静岡市のそれは、いかにも大都会の玄関口といった感じのJR静岡駅から静岡鉄道静岡清水線の新静岡駅までの徒歩10分ほどの間に特に顕著に現れる。新静岡駅のすぐ向こうには駿府城公園の城壁や濠が望める。と言うよりそもそも、駅が建っているのはこの城の三ノ丸にあたる場所なのだ。

新静岡駅周辺は、さながら複合施設銀座とでも言うべきか。映画館やレストラン街を擁した駅直結のセノバや、すぐ隣のマンションと直結のペガサートなどが立ち並ぶ。静岡市立御幸町図書館はペガサートの4、5階にあった。初訪問時の記憶はおぼろげだが、夜間なのに利用者が多かった印象は強く残っている。それもそのはず市立図書館で一番の利用者数を誇る館だそうだ。朝ふたたび新静岡駅周りを散歩してみたが、通勤通学の人混みで活気にあふれ、都会のにぎわいを存分に味わえたのだった。

駿府城公園の濠

ペガサートから見た夜の新静岡駅周辺市街地

道路によく見るとサッカーボールが。さすが静岡

交 JR東海道本線静岡駅北口から徒歩10分
静岡鉄道静岡清水線新静岡駅から徒歩3分
住 〒420-0857 静岡県静岡市葵区御幸町3-21ペガサート4 ～ 5階
開 平日9時～ 20時、土日祝9時～ 17時
休 第2月曜、第4水曜、祝日の翌平日、年末年始
近 駿府城公園、静岡県庁別館21階富士山展望ロビー

犬山市立図書館本館（愛知県）

室生犀星が「ふるさとは遠きにありて思ふもの」という詩を書いているが、それに倣えば「絶景は遠きにありて眺むるもの」とでも言えるのではないだろうか。

2022年の夏、北海道の利尻島のワーケーション体験事業を利用して1週間ほど滞在した。地元の人が苦笑しつつこんなことを仰っていた。「礼文島の人が、うちの島から見る利尻富士がいちばんだと自慢するんですよ」と。富士山や全国各地の何々富士と称される独立峰はきっと、その山に登った景色よりも遠くから眺めていたほうが「絶景感」が高いように思える。今風に言うと「映える」。利尻山の場合は、島の中に1700メートル以上の高峰があるという特殊な環境なので島内のほぼどこからでも見られた。とは言え確かに、島に着くまでのフェリーや対岸の稚内からの眺めのほうがある種のワクワク感が強かった気がする。

同様の「絶景」が高所に建てられた城ではないだろうか。天空にそびえ立つ天守を仰ぐ時、よくもまああんなところに建てたものだと感動するが、あそこに行ってみようとはあまりならない。あれ、私だけ？該当する城としてぱっと思いつくところでは、これまで行った旅先にあった愛媛県の松山城や宇和島城、愛知県の小牧山城などがある。今回ご紹介する犬山城もその一つ。

犬山市は愛知県最北の自治体で、犬山城の眼下に流れる木曽川を北に渡ればそこはもう岐阜県だ。城を築いたのは織田信長の叔父にあたる信康で、江戸時代には成瀬氏が9代に渡り城主だった。かつての城主たちが眺めただろう城下町の中心部に、犬山市立図書館がある。城の最寄り駅は名鉄犬山遊園駅だが、市の中心市街地は同駅から電車に乗って南に2

横断歩道があるのに地下道もある

マンション直結の犬山駅

分足らずの犬山駅が拠点となる。

犬山駅は名鉄の犬山線、小牧線、広見線、各務原線を束ねる一大ターミナル。まるですべての道は犬山に通ずとでも言えそうな様相を呈している。ある時、木曽川に架かる犬山橋を歩いて渡り、川からせり上がる山の上に建つ犬山城を眺めたくなって犬山市を訪ねた。4路線が集まるのでホームの数は多いものの、内観・外観ともにどことなくローカルなムードの犬山駅を出て徒歩5分ほどの場所に図書館がある。

入口に何人か人がたむろしていて、外観写真をなかなか撮らせてもらえない。ちょっと宮殿やモスクふうの、威厳のあるデザインなのに。いったん撮るのをあきらめて近づくと、なんとまだ開館前だった。運良く数分待つだけで開く。でも開館直後に入るのは少し恥ずかしいんだよなあ。それはともかく、人が並んでいたことも含め、愛される街の図書館という感じ。この館が日常なように、あの犬山城の絶景も地元の人にとってはいつもの景色なのだろう。

木曽川と犬山城。絶景かな

交 名鉄犬山駅から徒歩5分
住 〒484-0081 愛知県犬山市犬山東古券322-1
開 10時～ 18時、夏期9時～ 18時
休 月曜、年末年始
近 犬山城、木曽川

志摩市立図書館 浜島図書室（三重県）

図書館は利用者が自分なりの発見をできるよう多くの資料を集めた場所だ。発見をするのは利用者だけではない。図書館員も日々働く中で膨大な数の資料に触れ、その人なりの発見をする。

私の前職は図書館員だ。元職場の館では日本の多くの図書館と同じく、資料の分類に日本十進分類法が採用されていた。細かい説明は割愛するが、内容ごとに三桁プラス小数点以下の数字「分類記号」を使って分類する。分類記号は言わば図書館における住所だ。同じ分類記号なら同種の内容が記された本で、同じ場所に置かれる。この仕組みにより、何万冊もの書籍を的確に配置できるというわけ。

るるぶなど日本の観光ガイド本は分類記号291になるが、小数点以下の数字を使ってさらに地方別に分ける。元職場でもそこまで分けていた。そして私は目から鱗の発見をすることになる。三重県を扱う本が、大阪とは違う地域に分類されていたのだ。青森の人にはどうでもいいことかもしれないが、大阪出身の私にとって三重県は同じ地方という認識だった。テレビのローカル放送の天気予報などでもひとくくりにされていたので、幼い頃からその意識が刷り込まれている。しかしよそから見れば三重県は大阪とは別カテゴリだったのだ。図書館で働くようになって、そのことをはじめて知ったわけだ。

とは言え、大阪から見ても三重県は紀伊半島の裏側にありとても遠い場所という印象。内陸部を西に抜ける場合でも半島沿岸部をぐるっとまわって行く場合でも、三重県に着くまでにとにかく時間がかかる。一方で鳥羽水族館や伊勢神宮など観光コンテンツに恵まれた県でもあるため、遠い大阪からも人は大挙する。今回の舞台志摩市は複雑な海岸線を持つ三重県の中でも最も入り組んだ地形の自治体だ。

市内には灯台が何本もあるし観光スポットにも事欠かないが、音楽ライターでもある私は浜島という地域が気になっていたので行ってみることに。日本の70年代ニューミュージックシーンを率いた才能の多くが、通称ポプコンことヤマハポピュラーソングコンテストの入賞者だ。そのポプコンの第6回目までの開催地が、かつて浜島地区内にあった「ヤマハリゾート合歓の郷」なのだ。言わば日本ポップス史伝説の地。なお現在は運営会社も施設名も違う。

地区の中心部は旧合歓の郷が建つ大崎半島の西側対岸、英虞湾《あごわん》に向けて細く突き出た場所にある。昭和を感じる住宅街や漁港、沖縄級に美しい大矢浜の海などが楽しめた。その大矢浜の横、やや高台に浜島生涯学習センターが建つ。2階には小さな図書室。室内からは浜と反対側の漁港や集落の絶景が見え、敷地内駐車場では大矢浜がちらり。2つの海が見える図書館はとても珍しい。複雑な海岸線を有する志摩市の館ならではの景色だ。行って良かった。

この海の美しさ、沖縄級

エントランスにあったかわいい看板

図書室から見下ろせる漁港側の海

交 三重交通バス宿浦線浜島バス停から徒歩10分
住 〒517-0404 三重県志摩市浜島町浜島755
開 9時～ 17時
休 月曜、年末年始
近 大矢浜海水浴場、英虞湾の眺め

column 03

さよならも言えずに
―今はなき旧図書館の思い出

取り壊された旧小牧市立図書館本館。マイベスト図書館建築だ

ウェブ記事で、網走市か斜里町のどちらかオホーツク沿岸自治体の、旧図書館の思い出を書いたものを読んだことがある。その旧館からはオホーツク海が望めた、という記述にいたく旅情を刺激された。全国各地の「かつて図書館があった場所」を訪ねて、現地の人にお話などもうかがいつつ、図書館史を通して見たその街のあれこれを綴るという企画を漠然と思いつく。

またこんなこともあった。移転開館して間もない久慈市立図書館を訪ねた時のこと。ここは三陸鉄道とJR八戸線の久慈駅前ロータリー敷地内に建っている。上層階に駅構内や市街地を眺められる展望コーナーがあるのだが、駅に停車中の列車を見て興奮していた小さな男の子が、ふと街のほうを見て指さし「あっ、図書館だ!」と叫んだのだ。目を向けると、遠くに旧館の一角が確かに見えていた。旧館が久慈市民に愛されていたことを象徴するような一幕だなと感じたことを覚えている。

ここ数年は図書館の移転&新築バブルとでも言うべき状況になっている。それら新館が華々しくデビューする一方で、旧館の記憶はどんどん薄れていくのだろう。多くの場合、記憶は居心地の良い現在に上書きされていくものだし、そうでなければ莫大なお金をかけて新館を建

香取市立佐原中央図書館。移転後も建物は残るのだろうか

てた意味がないとも言える。図書館の新規開館は、その街の「これから」を形成するための、何十年かに一度きりしかない非常に大きな一歩なのだ。そうした時の流れの中で、以前訪問したものの、いつの間にか新館に生まれ変わりもう行けなくなった館もいくつか出てきた。

真っ先に思い出すのが、奇抜なデザインが楽しかった小牧市立図書館本館(愛知県)。こちらは名鉄小牧線小牧駅前に移転。新館の設計は図書館名建築の数々を手がけている新居千秋氏だ。ここと同じく訪問した旧館がすでに取り壊されて存在しない例としては、同じ場所に複合施設「えみらん」として蘇った市立室蘭図書館(北海道)、山の上の住宅地からJR仙石線多賀城駅前に移転した多賀城市立図書館(宮城県)などもあった。

建物自体はまだ健在だが、中から図書館が抜けて別の場所に移転した例もある。酒田市立中央図書館(山形県)はJR羽越本線酒田駅から徒歩10分ほどの酒田市総合文化センターから、ホテルや観光案内所なども併設した酒田駅前交流拠点施設ミライニ内に移転。2022年5月に再開館したばかりだ。富山市立図書館本館(富山県)は2015年、富山城址公園内のビルからかつて百貨店「富山大和」があった敷地に新築した複合施設TOYA

図書室がある古平町文化会館（右）。左が建設中のかなえーる

MAキラリ内に移転。ガラス美術館や富山銀行などが同居するキラリは隈研吾氏らが設計を担当し、今では日本を代表する図書館名建築として知られる。

旅のついでに訪ねてみたら移転先の建物を建設中で、間もなく閉館すると知ったパターンもある。古い街並みや水郷で知られる香取市佐原にある市立佐原中央図書館は昭和の香りがする重厚な建物が魅力だが、数ヶ月後に移転準備のため一度閉館するとの貼り紙が。新館の入るビルは今より水郷側に近い場所になる。また北海道後志地方の自治体、古平町のやや高台に建つ文化会館図書室は、近く会館自体を取り壊し、すぐ横に建設中の複合施設「かなえーる」内に移転予定だそうだ。立地から予想すると、おそらく「海が見える図書館」になるはず。

普段使いできる現地の人とは違い、旅行者は基本的に旅先の図書館で過ごす時間は一度きり。それはわかっていても、心のどこかで「いつか再訪を」という気持ちもあるので、さよならも言えないうちに消え去った旧館を想うと少し切なくもある。新館との新たな出合いを楽しみにしつつ、かつての旅の記憶も時々思い出して旧館を偲びたい。

a library walker in KINKI

近

畿

守山市立図書館（滋賀県）

滋賀県と言えばやはり琵琶湖だ。滋賀県の地図を見るといつも、琵琶湖のあまりの居座りぶりに改めて驚かされる。私の出身地である大阪府を含め近隣府県に住む人たちすら「面積の半分以上が琵琶湖なんちゃうか」と勘違いしている。実際は6分の1ほど。それでもすごいけれど。そして県庁所在地大津市も滋賀県のぼんやりしたイメージを後押しする。京都に近すぎる。JR琵琶湖線各駅停車でたったの2駅。10分で京都に着く。もはやベッドタウンだ。

もちろん、みんな滋賀を本気でからかいたいわけではない。ほんとうはもっとこの県について知りたいのだ。冗談交じりの揶揄の向こうには必ず、無知ゆえの好奇心が強く息づいている。情報が少なすぎるのだと思う。あえて琵琶湖については触れない滋賀県観光キュレーションサイトとかあればいいのに。もうあるのなら、ごめんなさい。

実を言うと、図書館ウォーカー的に見れば滋賀県はおいしいトピックが続いているホットスポット。琵琶湖に食われてしまいがちなこの県の「今」の一つとしてご紹介したい。公共図書館の新築は数十年スパンのイベントで、そうそう起こることではない。例えば複雑怪奇なデザインで知られた愛知県小牧市立図書館本館は小牧駅前の新館開館を目前に閉館し解体された。その歴史は半世紀近くに及ぶ。つまり新館登場は半世紀に一度の出来事だったということになる。

ところがここ数年、琵琶湖東岸の自治体で図書館の新築が相次いだ。東岸北部に位置する長浜市と南部の守山市だ。特に後者は、東京オリンピックの新国立競技場を手がけた建築家、隈研吾の設計だという。守山市は彦根や近江八幡、草津といった周辺自治体にくらべ知名度は高くないが、東岸から西岸に

近江塩津駅から守山駅に向かう列車から見た虹と田園

想像よりはるかににぎやかだった守山駅前

渡れる唯一の場所「琵琶湖大橋」のある街でもある。

ＳＮＳユーザーなら別ネタで守山を知っているかも。湖畔のショッピングモール「ピエリ守山」が、相次ぐテナント撤退で客もまばらな「明るい廃墟」として数年前にバズったのだ。だがそれはもう過去の話。数年かけてリニューアルし、今では琵琶湖東岸エリア随一の人気スポットとして復活した。２０１９年には絶景が楽しめる天然温泉もオープン。

図書館は隈氏お得意の連子やガラスを効果的に用いたデザインでさすがのかっこよさ。外はシックに、中は明るく広々という木材のコントラストも良い。いくつもの棟をずらしつつ連結しているため本通路はゆるくカーブし、ロフト状の二階と形作るダイナミクスも楽しめる。カフェや庭もありゆっくり過ごせそうだ。ピエリ復活の偉業とこの図書館の登場に守山市の底力と勢いを感じる。難点はどちらも駅から遠くハシゴが厳しいことだが、いっそ守山に泊まってみるのもいいだろう。

本文に登場した長浜市立長浜図書館。
第38回（2022年度）日本図書館協会建築賞受賞

交 JR東海道本線守山駅から徒歩25分
くるっとバス大宝循環線守山市立図書館前バス停から徒歩1分
住 〒524-0022 滋賀県守山市守山5-3-17
開 平日・日曜10時～19時、土曜10時～20時
休 月曜、祝日の翌日、第1金曜、年末年始
近 ピエリ守山、三津川河川公園

京都市岩倉図書館（京都府）

大阪と京都は互いをライバル視し合う仲なのは周知の事実。中でも、かつて私の実家があった南河内を含む大阪南部の人の京都に対する反感は、ことさら強いように思う。私個人の感想であることをお断りした上で書くと、大阪人の誇りはコンプレックスと表裏一体。通天閣や「安くてうまい食いもん」くらいしか観光コンテンツがない大阪南部から見ると、京都はなんともまぶしいのだ。

私にとっての京都は京阪電鉄出町柳駅に尽きる。大学進学で弘前市に引っ越すまでの実家在住時代、同駅近くに好きなレコード屋があり数ヵ月に一度くらい通っていたのだ。きっと今なら、ついでに京都散策もするはず。でも南河内の民だった思春期の私にとっては、観光名所がぎっしり詰まった京都はうらやましいゆえに小憎らしい存在でもあって、あえて関心を持たないようにしていた。

京都をきちんと訪ねるようになったのは40歳を過ぎてからだ。ゆっくり散歩したり宿泊したりして、この一大観光都市がなぜ多くの人に愛されるのか徐々にわかるようになってきた。では、かつてレコードを買いに来た少年時代の私に薦めたいプチ京都旅に出てみよう。

あの頃と同じく、まずは京阪電鉄で出町柳へ向かう。京阪は特急に無料で乗れるという太っ腹鉄道会社。おかげで大阪市内にある始発駅の淀屋橋から1時間足らずで出町柳に着く。地下にある駅から地上に出るとすぐ目の前に叡山電鉄の出町柳駅がある。ここから鞍馬方面に向かう列車に乗ろう。運が良ければ展望列車「きらら」に乗れるかもしれない。

レールは少しずつ標高を上げていく。あっと言う間に街なかを抜け、ひなびた山間の景色になる。この路線は京都の別の顔を見せてくれるのだ。そのまま鞍馬に行ってしまってもいいが、今も昔も私は天邪鬼だから途中の岩倉駅で降りる。東に比叡山を望める小さな無人駅だ。北に向かって歩くと周りの街並みに合わせたらしき和風建築のスーパーが交差点の向こうに見えた。そのデザインが、なんだか逆に目立っているような感じがするのはご愛敬。

観光名所の実相院や岩倉具視幽棲旧宅のある北側へ向かうバスと同じ道を歩くとすぐ、図書館の姿が現れる。京都市岩倉図書館だ。あとで調べてみると京都市最北の館だった。ここもまたスーパーと同じく和風建築になっている。長屋状に細長く奥行きのある造りなのも特徴か。隣に石造りの蔵のようなものも建っていた。ベビーカーやおんぶで子どもを連れた若い親御さんの出入りが目立つ。私が好きな、地元の人に愛される小さな街の図書館というやつだ。

帰りは澄んだ水質の岩倉川沿いを歩く。驚くべきことに、大都市京都の只中にあるのにこの川ではホタルが見られるらしい。ぜひ夏の夜に再訪したい。

紅葉並木の向こうに見える比叡山

とてもなつかしい感じがする街並み

澄み切った水質に驚く岩倉川

交 叡山電鉄鞍馬線岩倉駅から徒歩7分
住 〒606-0013 京都府京都市左京区岩倉下在地町16
開 木11時30分～ 19時、木以外9時30分～ 17時
休 火曜、年末年始
近 実相院、岩倉川のホタル

堺市立中央図書館（大阪府）

最近気に入って使っている自己紹介の言葉に「前の実家は世界遺産の隣にありました」がある。細かいことを言うとすぐ隣ではなく隣接した集落の中なのだが、嘘ではない。それは、2019年7月に正式に世界文化遺産として登録された百舌鳥・古市古墳群のこと。実家近くにあったのは、古市エリアに属する古墳の一つだ。

ちなみに、私たち土地の者は古墳ではなく親しみを込めて「御陵（ごりょう）さん」と呼んでいる。ただしこちらがいくら親近感をおぼえても、御陵さんのほうは宮内庁管轄なので周りを高い金網で囲まれており、取り付く島もない。こんもりと生い茂る森の姿をしたわれらが御陵さんは、せいぜい二階建ての一般住宅しかないふるさとの集落のどこからでも見られる、日常風景の一つだった。思春期の私が毎日眺めていたあの御陵さんが世界遺産だなんて。何だか感慨深い。

とは言え、実家はもう20年近く前にそこから引越している。しかし私の家族はよくよく世界遺産に縁があるのか、転居先は堺市だった。堺市は古墳群のもう1つのエリア百舌鳥に属するのだ。百舌鳥古墳群には、世界遺産登録における最大の目玉「仁徳天皇陵」こと大仙陵古墳がある。巨大すぎて近くに行っても全体像をイメージすることが全くできず、観光客泣かせのスポットだ。

堺市と言えば2006年に政令指定都市になった時も驚いた。正直言って下町風のごちゃごちゃした街というイメージしかなかったからだ。少なくとも洗練された都会ではない気がする。ただ、今の実家は堺市内とは名ばかりの、隅っこの丘陵地帯にある。そんなあなたが堺の何を知っているのだと言われれば答えに窮する。すみません。

仁徳天皇陵の濠を見ながら散歩

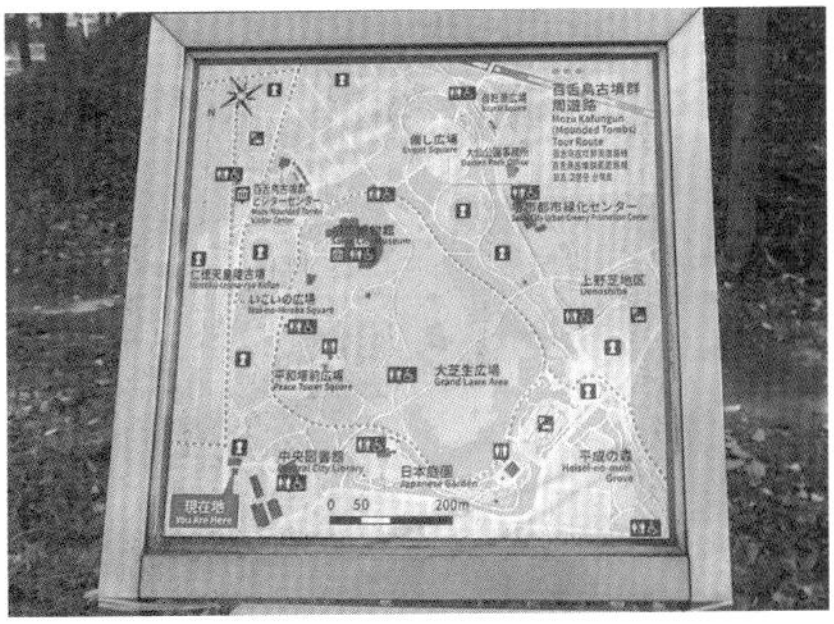

図書館以外に博物館や池もある大仙公園

では全国有数の大都会と名実ともに認定された堺市の中央図書館とはどういう館だろうか。市中心部は南海高野線の堺東駅周辺と言われているが、同館はそのエリアにはなく、今の堺市のシンボルで前述した仁徳天皇陵の近くに建つ。この古墳は前方後円墳。後円は北側、前方は南側に向いており、中央図書館は、この「前方」の西側の角にあたる部分の道の向かい側、大仙公園内の中だ。

今の中央図書館は何度か移転や建て替えを経たもの。現在の建物は1971年完成だそうで、すでに半世紀以上の歴史を持つ古株図書館だ。重厚なファサードもいい味だがトイレ個室のアコーディオンドアや渋い閲覧室など、随所にこの図書館が歩んできた半世紀の年月が凝縮されており、近年では逆に珍しい昭和感が楽しめる。

最寄り駅はJR阪和線の百舌鳥だが、帰りは仁徳天皇陵沿いをぐるっと周って一つ隣の三国ケ丘駅へのコースをオススメする。日本一の御陵さんの美しい濠と森を楽しめるのだ。

面構えがキマってる猫に会いました

交 JR阪和線百舌鳥駅から徒歩10分
南海バス田園線大仙公園西バス停から徒歩1分
住 〒590-0801 大阪府堺市堺区大仙中町18-1
開 平日10時～ 20時、土日祝10時～ 18時
休 月曜、3月末日、6月・9月・12月の第1火曜、年末年始
近 仁徳天皇陵（大仙陵古墳）、大仙公園

松原市民図書館「読書の森」（大阪府）

今のライフワークは日本の「海が見える図書館」訪問で、私が海好き人間なことは事あるごとに書いている。しかし最近、それは違うのではと思いはじめた。海が好き、ではなく「水」が好きと言い換えるべきだ。よく考えてみたら、旅先で電車やバスに乗っていて川や池などが窓の外に見えると必ずカメラで撮っている。そこに水があれば、海に限らず好きなのだ。

おかげでデータ保存用の外付けハードディスクのフォルダの中身は似たような写真でいっぱいだ。なぜそんなに水が好きなのか。端的に言うと水は「映える」のだ。写真映えがとにかくいい。代表的な例はボリビアのウユニ塩湖や愛媛県三豊市の父母ヶ浜などの「水鏡」だ。直木賞作家佐藤究が人類の起源に迫った第2作「Ank : a mirroring ape」でも水鏡は重要な役割を担っていた。人を惹きつけずにはおかない何かを宿しているのだろう。

では水鏡を持つ、つまり周囲を水が取り囲んでいる、またはすぐ横に池や湖がある図書館は存在するのか。私がすぐ思いつくのは広島県の福山市中央図書館と、山形県鶴岡市の致道ライブラリーだ。双方ともさながら城の濠のように水に囲まれている。全国にいくつあるのか想像もつかないが2020年、水鏡図書館界に新顔が仲間入りした。大阪府南部に位置する自治体、松原市の「読書の森」だ。この図書館、両親の高校時代からの親友で私も小さい頃からお世話になっている女性の「推し館」で、以前からぜひ行ってみてと言われていた。そういう図書館がある自治体って、とても素敵じゃないだろうか。

実は松原市には私が通っていた高校があって所縁の自治体でもある。もっとも母校の最寄り駅は一つ隣の近鉄南大阪線河内松原駅で、読書の森の最寄りは高見ノ里駅だ。この鉄道路線の沿線は典型的な昭和の下町で、こまごました住宅街や小規模店舗が立ち並ぶ。特に高見ノ里駅の周りはその代表例のような街並みだ。約30年ぶりに訪れても全然変わりなかった。

一般住宅の間の細い道を10分足らず歩くと、ホームページで「古墳のようなたたずまいをもった」と書かれる読書の森の姿が見えてくる。周りの池も含めた外観はむしろ美術館を想起させる。コンテンポラリーな造形美を持ちながら違和感なく大衆的な街並みに溶け込むこの傑作建築は、数多くの建築賞を受賞している。

外観だけでなく館内もすばらしい。三階建てで1階と2階は立体的な重なりが面白い。ネットで同館について調べると、詳しいサイトが多数出てくるのでそのデザインの妙を堪能して欲しい。眺めを重視した窓やスペースづくりも滞在型施設として優れている。訪問時はちょうどマジックアワーの時間で、屋上からの景色を存分に楽しめた。

こういうところにかっこよさがあらわれる

日が暮れるとこんな感じ

この下町感、ご覧あれ

交 近鉄南大阪線高見ノ里駅から徒歩７分
住 〒580-0044 大阪府松原市田井城 3-1-46
開 9時～21時
休 第３木曜（3月・8月・12月以外）、年末年始
近 松原中央公園、西除川遊歩道

水田、温泉、そして海

新温泉町立加藤文太郎記念図書館（兵庫県）

サードプレイスに観光名所、絶景に名建築と、図書館を特色ごとに分けたカテゴリはいろいろある。ここに私が図書館の新ジャンルを高らかに宣言しよう。私の名は未来永劫、図書館史に刻み込まれるはず。そのジャンルとは温泉図書館だ。温泉か公衆浴場が併設、または同じ敷地内に建っている図書館のこと。日本は火山が多く起伏の激しい地形なので、必然的に世界有数の温泉大国となっている。

最近ネットで偶然知った方に温泉ライターの高橋一喜さんがいる。一念発起して仕事を辞め、全国の温泉を1年間で可能な限り訪問する旅に出たつわものだ。その旅を記録したデビュー作「日本一周３０１６湯」で、日本にはだいたい3千台前半くらいの数の温泉があることを知った。実はこれ、日本の公共図書館数と同じくらいなのだ。両者とも同じくらいの数なら、その2つの属性がドッキングした図書館が少しくらいはあってもいいのではないか。そう考えて最近こつこつ調べている。

温泉図書館がいくつあるかは全自治体の図書館情報を一つずつあたるしかない。地形や人口などわかりやすい限定条件がないので「調べなくてもいい館」が設定できないのだ。自分でやりはじめたとは言え果てしなき道すぎるが、真っ先に調べてみたい自治体が2つあった。

それは長野県の野沢温泉村と兵庫県の新温泉町。両方とも名前に温泉がついている非常に珍しい自治体なのだ。残念ながらどちらも図書館の近くに温泉はあるものの、私が設定する立地条件ではないようだ。ちなみに青森県内には一館だけ、横浜町に温泉図書館がある。

ある時、実家のある大阪への帰省ついでに新温泉町の図書館を訪ねてみた。同町は鳥取県との県境に

少し歩くと日本海。
ここで電話をかけてみたい

山並みを模した複雑なデザイン

あり、日本海に面している。「新温泉」の町名ははったりではなく、町内のあちこちに温泉施設がある。町立図書館は加藤文太郎記念図書館という館名で、加藤は町出身の登山家だそう。メイン駅のJR浜坂駅から海に向かって徒歩で10分くらいの立地だ。

小さな旅館や住宅が立ち並ぶ浜坂駅前の街は少し高台になっていた。図書館に向かう下り坂に差しかかりそのことを知る。これが図書館ウォーカー街歩きの醍醐味だ。坂の行き止まりはいわゆる「古い街並み」風に整備された小径とT字に交わり、軽い散策も楽しめる。図書館らしき巨大な建物の向こうに、広大な田園地帯が見えた。

図書館はかつて加藤文太郎が登った山々をイメージしたデザインで複雑な屋根の造形が面白い。また入口正面にも水田があり、これほど田んぼが近い館も珍しい気がした。あとで知ったが浜坂の街は一般家庭にも温泉が引かれているとのこと。図書館でもお湯は温泉なのだろうか。もしそうなら、ある意味究極の温泉図書館なのかも。

浜坂駅周辺の街は分かれ道が複雑で楽しい

交 JR山陰本線浜坂駅から徒歩10分
住 〒669-6702 兵庫県美方郡新温泉町浜坂842-2
開 平日10時～ 18時、土日10時～ 17時
休 木曜、第3火曜、第4月曜、年末年始
近 浜坂温泉源泉塔、街の段差と複雑な曲がり角

兵庫県立図書館

（兵庫県明石市）

多くの人が、都道府県立図書館は県庁所在地にあると考える。私もそうだった。ところが例外があるのだ。明石市にある兵庫県立図書館だ。偶然知った時は、ひょっとして唯一の例ではとその発見に喜んだ。だが横着はやめて他の都道府県立図書館の情報をきちんと調べてみたところ、他に北海道立や埼玉県立、長崎県立などがあった。また、県庁所在地と他の市の両方に所在する複数館パターンも。ただ、数少ない例であることだけは間違いない。

真面目な方はそこで「なぜわざわざ県庁所在地をはずして建てたのか」が気になるはず。だが私は不真面目なので、同館が明石城跡を擁する県立明石公園の中にあることのほうに断然興味をそそられた。図書館ウォークにぴったりの立地だ。JR山陽本線明石駅はその明石公園を見下ろす場所にホームがある。列車から降りるとすぐに、城跡を包み込む豊かな緑と濠が眼下に開け、とても散歩欲を喚起される。

この公園は南北に広がる縦長の広大な敷地を誇り、図書館以外にもなんと2つの球場、自転車競技場などがある。大小さまざまな池や生い茂る森にも恵まれ、園内全てを歩けばかなりの運動量になるはずだ。

駅北口を出て穏やかな水面を右手に眺めながら濠沿いに進むと、公園の入口が見えてくる。園内地図を見ると県立図書館は公園の一番高い場所にあるようだ。森林浴気分で森に囲まれた図書館への上り坂を歩いていると、現地住民らしき年配男性に声をかけられた。「自然が豊かですやろ」と開口一番ご当地自慢。こういう自慢の言葉を聴くのは大好きだ。住む人が地元を好ましく感じている。最高じゃないですか。聴いていると思わず頬が緩んでしまう。

県立図書館に用があると言うと、男性が「おもろいとこにお連れしますわ」と仰る。ついて行くとそこは県立図書館隣接の建物内にある一室「あかしふるさと図書館」だった。実はこの建物、2017年に明石駅前複合施設内に移転済みの旧明石市立図書館本館だった。つまり県立図書館は市立と隣り合う、これまたレアな例だったということになる。部屋の中には明石関連の郷土資料がぎっしりで、明石市が管理しているらしい。あかしふるさと図書館は残念ながら2020年3月末に閉館している。

県立図書館の入口は重厚な階段を上った二階にある。館内機能のほぼ全てを集約したのが「大閲覧室」と名付けられた部屋だが、その向かいにある「ふるさとひょうご情報室」が気になる。こちらは県内各地の郷土資料を収集した図書館内の一室で、すばらしい資料の充実度だった。持ち帰ることができる観光パンフもたくさんある。郷土史ファンにはたまらない空間だろう。

外に出ると、また先ほどの男性に鉢合わせ。いろいろ教えていただいたのはこちらなのに、彼は「ありがとう」と一言残して去って行った。

明石城址の濠から明石駅方面を望む

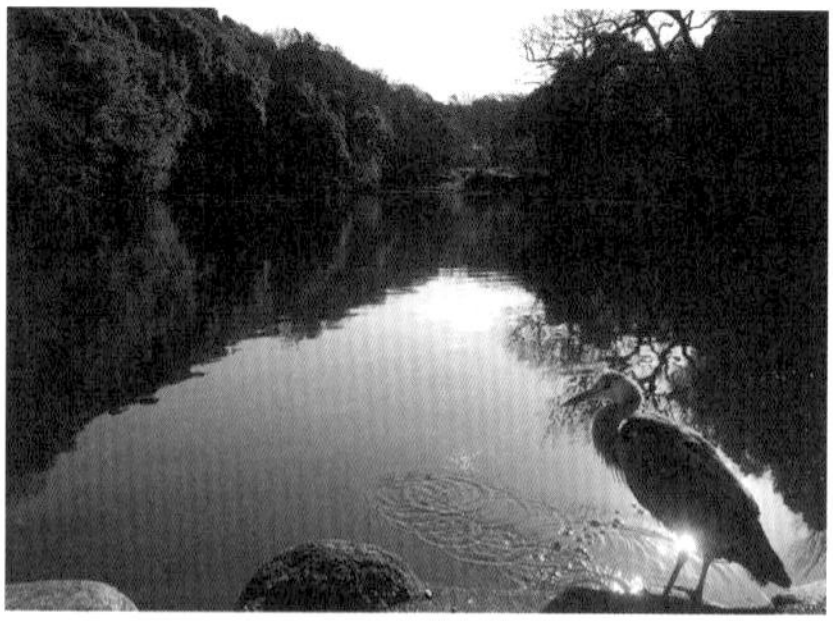

地元の人が自慢する公園内の豊かな自然

駅南側にある魚の棚商店街。明石と言えば蛸、そして明石焼き

交 JR山陽本線明石駅・山陽電鉄本線山陽明石駅から徒歩15分
住 〒673-8533 兵庫県明石市明石公園1-27
開 9時30分～ 18時
休 月曜、第3木曜、年末年始
近 明石公園、魚の棚商店街

川上村立図書館（奈良県）

旅エッセイを書く醍醐味はやはり、仕事にかこつけて旅行ができることだろう。本連載を開始した2019年11月は、毎月のように出かけてやろうと思っていた。しかし全世界がコロナ禍に襲われ、その目論見は瓦解。それからなんとか旅そのものはできるようになったが感染対策はいまだ必要だ。そうした状況が私の取材にちょっとした影響を及ぼしている。小さな自治体の図書館では、コロナ対策として利用する時に入口や受付で声をかけたり名前や連絡先を書かなければいけないことが多いのだ。

図書館は基本的に誰でも利用できる施設だから、遠方から来た旅行者であっても入館や資料の閲覧になんの支障もない。私は黙って入館し黙って去るだけ。気を遣わなくていい。しかしそうした「気兼ねなさ」がコロナ対策下では保ちにくくなっている。誰でも利用できるからと言って、誰もが利用しに来るわけではない。小さな自治体では利用者のほとんどが地元住民で、旅行者で図書館に立ち寄る人はほぼいない。基本的に臆病者なのであまり怪しまれたくないのだが、声をかけなくてはいけないゆえに生まれる会話もある。それもまた旅の醍醐味だと言える。

奈良県は古都奈良のイメージが強いが、奈良市は県最北部にあり県の南半分は山深い土地が占めている。今回の舞台、川上村も面積の95％以上が山林という自治体だ。桜の名所、吉野山の東を流れる吉野川をさかのぼって行くと川上村に着く。いかにもアクセスが厳しそうだが近鉄の大和上市駅から運賃200円均一の村営バスが出ている。村内にはいくつものダムがあり、やがて大河の紀の川へと変わる吉野川の水源として重要な役目を負う。また吉野杉で知られる林業の地でもある。村の中心部は北部にある大滝ダムおよびおおたき龍神湖のほとりで、役

雄大なおおたき龍神湖の眺め

一度見たら絶対忘れない屋根のデザイン

場など主要な施設はほぼこのエリアに集約されている。上市からここまでバスで50分くらいだった。

村立図書館は、そこから遊歩道でつながる住宅地の中にある。文化複合施設の総合センター「やまぶきホール」の2階だ。建物の入口に「利用は予約制で指定の番号に電話が必要、直前に電話しても良い」とある。ドキドキしながら電話をかけた。対応してくれた方に「ではお待ちしております」と言われ2階に上がると、図書館員さんがお二人、入口で立ってお出迎え。いやあそんな、照れますがな。館内には名産の吉野杉製の書架やテーブルがあり、閉じたブラインドのすき間からダム湖の絶景がちらり。日光が直接当たらない午後に訪ねれば、ブラインドを上げた窓から大パノラマが楽しめるだろう。

村内では温泉の絶景露天風呂、猪や鶏を使ったおいしい食事を堪能し、もっとゆっくりしたくなる。何より図書館を出る時の「またどうぞいらしてください」が嬉しかった。いつかまた、きっと。

村営バスの車窓から。絶景路線です

交 やまぶきバス・ゆうゆうバスやまぶきホールバス停から徒歩2分
住 〒639-3553 奈良県吉野郡川上村迫590-1川上総合センターやまぶきホール2階
開 10時～ 18時
休 月曜、月最終日、国民の祝日の翌日、年末年始
近 湯盛温泉ホテル杉の湯、おおたき龍神湖

串本町図書館（和歌山県）

和歌山県は近年図書館の新規開館が相次いでいる注目の県。例を挙げると、この10年で県内9市のうち実に6市の図書館がリニューアルした。その勢いは市だけではなく町村にも及び、串本町図書館もその波に乗った。２０２０年に、木造築65年で老朽化していたという旧館から移転している。実はここ、本州で最も南に位置する図書館だ。串本町は徳島県や山口県よりも南にある。

串本町図書館には個人的にもう一つ興味を抱く点があった。移転後の立地が、非常に海に近いのだ。そう、毎度おなじみ「海が見える図書館」だ。ただしネット上で見る限り確実に海が見えるかどうかは判断できなかった。もう確かめに行くしかない。中心駅、ＪＲ紀勢本線串本駅は新大阪駅から特急で約３時間半。串本は以前父の運転するレンタカーで一度行ったことがある。その時にも驚いたのだが、串本駅前の幹線道路を走り抜けて行く車の数が半端ではない。

そんな車両通行量を反映してか、ファミリーレストランやコンビニなど商業施設が道なりに立ち並んでいる。さらに驚かされたのが駅のすぐ前に24時間営業のスーパーがあったこと。駅周辺に住めば何でも揃っていて都会並みに便利なのだ。とは言え、図書館に向かうべく騒音の激しいメインストリートから離れると、突然静かでのどかな住宅地に変貌するところは郊外の街ならでは。

図書館移転に至るプロセスは若干複雑だ。ウェブサイトＡＧＡＲＡ紀伊民報の２０１９年12月公開記事によると、当時は「仮移転」扱いだったようだ。串本町は紀伊半島の南端に位置し街の三方を海に囲まれているため、当初は新図書館の移転先に高台を考えていたらしい。ただ高台の候補地探しに難航し、中心串本漁港近くの今の位置にいったん移転。

そういった経緯のため現在は半ば居抜き状態。もともと地域保健福祉センターだった建物の1階に移転したのだが、センターだけ2021年にオープンした役場新庁舎に移り図書館だけが残った。目の前の海は工事中の堤防で遮られ、海が見えていたはずの2階も保健福祉センター移転で使用されていないため立入禁止。いずれ高台に再移転するのか定かではないが、今は津波対策に向けて着実に歩を進めているようだ。そのかわり、海辺にありながら海が見える図書館ではなくなりつつある。高台に建てば再び海が見えるようになるのだろうか。

空には驚くほど多くの猛禽類が飛び交い、レトロな住宅街は道が複雑でほとんど迷路。こちらも嬉しい驚きだった。この街は何度も驚かせてくれる。スマホの地図アプリで現在地を確認しながら目の前の曲がり角を見る。鳥の声に空を仰ぐ。首の動きが忙しい分、充実した街歩きになった。

串本駅に飾られていた巨大なカジキの模型

迷路のような街並み。
どこに行くかわからず楽しい

紀勢本線の車窓は海の絶景が続く

交JR紀勢本線串本駅から徒歩10分
住〒649-3503 和歌山県東牟婁郡串本町串本2367
開9時～ 17時15分
休月曜、月最終日、祝日、年末年始
近串本の古い街並み、橋杭岩

column 04 図書館で親孝行する方法

JR大糸線の車窓から見た白馬連峰

親孝行とは何だろう。同居して死を看取る。旅行に連れて行く。プレゼントをする。人によっては、結婚し孫を抱かせるというのもそれにあたるのかもしれない。いずれも私はろくにしたことがないし、孝行息子という自覚を持ったこともない。実家は大阪だから、青森在住の身では日常的な孝行は不可能だ。お金でどうにかなることであればぜひやりたいとは思っているものの、残念ながら自分ひとり生きていくのも難しい低所得。どうにかこうにか健康に生きています、というのが孝行にあたるかどうかわからないが、私の場合、正直それくらいしかない。と書いていて、一つだけ思い出した。

母は今70代前半。数年前、長年働いていた肉体労働系の職場を定年退職した。良く言えば自由、悪く言えば衝動的な母の性格には振り回されることも多いが、働く時は常に全力投球で手を抜かないところは立派だと思っている。父もそういう人だ。残念ながら、怠け者で働くのが嫌いな私は両親の美徳を全く引き継げなかった。

母が定年退職してすぐの頃、所用で帰省したら「億劫で2ヵ月ほど家から出ていない」と言うのでびっくりした。身を粉にして働いてきた反動でそうなってしまったのかもしれない。口調や表情はいつもの母の楽天的な感

ホテルの窓の外でサービスポーズのウミネコ。宮城県南三陸町にて

じに見えたが、年齢を考えるとこれから心身ともに健康を損なっていく可能性も高い。帰省中の数日間で何とか母を外出させねばと内心かなり焦った。

そこで一計を案じる。母は読書好きなので、図書館をきっかけにすればいいのではないか。しかしむりやり母を引っ張って図書館に連れて行っても、すぐ行かなくなるのが目に見えている。図書館通いを「習慣化」させる仕組みづくりが一番重要だ。読書家の人が図書館を使わない理由は大きく2つあると私は考えている。読みたい本が最寄りの館に見当たらないことと「常連さん」が長時間滞在している独特の雰囲気だ。だがどちらも図書館ホームページ上のサービスを利用すれば解消できる。

まず最初のステップ。作家名や書名を入力して検索が可能だし、アカウント登録後は気になった本をメモ代わりに記録できるようになると母に教える。母がタブレットでネットを使いはじめた時期だったのも幸いした。次のステップは本の予約だ。図書館で言う「予約」には2つの意味があって、自治体内の他の館から最寄り館へ取り寄せることと、貸出中のものを文字通り予約すること。日本の全ての図書館サイトで予約できるわけではないのが現状だが、とりあえず実家のある堺市立図書館では以

初雪パウダーを振りかけた晩秋の金山湖。北海道南富良野町にて

上のことが全てできた。

さて、母が検索機能でピックアップした読みたい小説数冊を早速予約させてみた。本が最寄り館に届いたらメールで連絡が来るように設定する。これでもう予約した本を受け取るために出かけなければいけないし、借りたらすぐ帰ればいいから館内に長居する必要もない。案の定、その後の母は「検索→予約→借りる」のサイクルを繰り返すようになり、それをきっかけに元のアクティブな状態に戻ってくれた。今では登山や毎日のジム通いと、在宅仕事の私よりはるかに健康体になっている。

これが私の唯一確実にできた親孝行だ。これは個人的な体験に留まらず、汎用性があると思っている。この高齢化社会において、親御さんがあまり外出しなくなったなどの現状がご心配な方もたくさんいると思う。ここまで書いてきた図書館サービスは意外と人口に膾炙しておらず、親御さんが利用していない可能性も高い。教えて差し上げればそれをきっかけに私の母のように引きこもり的な生活が改善することもあるかもしれないので、一度試してみることをおすすめしたい。

（注　掲載写真は本編内容とは関係ありません）

a library walker in CHUGOKU・SHIKOKU

中国・四国

鳥取県立図書館（鳥取県）

旅エッセイの執筆者として常に念頭においていることがある。それは、旅先に対して辺境、秘境、僻地という言葉を使わないということだ。自分の居住地よりも人口が少なく自然の割合が高い土地に対してそのような表現を充てるのはたやすいが、当然そこにも誰かが住み、固有の文化、歴史や日常がある。

もちろん内心で何を思おうと自由だ。私だって交通の便が悪いとか雰囲気がさびしすぎるなど、感じることはままある。街は良くても、人に不快な気分にさせられたこともある。ただしその感想を現地で口にしないし、その土地を題材に書く時もネガティブな表現を使わないように気を付ける。それが旅先に敬意を払うということだと私は考えている。

そうした表現を使わないのにはもう一つ理由があるように思う。私はいつも、旅先を「もしここに住んだら」という視点で見ているのではないか。ひょっとしたら住むかもしれないと思っていたら軽々しく僻地などと言えない。旅人や物書きとしてよりも、普通の生活者としての目線を大事にしている自覚がある。

旅行で何百もの街を歩いてきたが、移住先として捉える場合、私がそこに満足できるかどうかはたった一つの条件にかかっているとわかった。すなわち、良い図書館があるかどうか。これに尽きる。私は良く言えば順応性が高く悪く言えば移り気なので、図書館さえちゃんとしていれば「この街は居心地いいな」と感じるだろう。

もちろん、何を以て「良い図書館」とするかは難しい。しかしこのレベルだったら誰も文句は言わないだろう、という図書館がある。鳥取県立図書館だ。少なくとも図書館関係者なら、ほぼ満場一致で高評価を下すだろう。ここのすごみは、本を貸すだけに

最寄りバス停はほとんどの路線が
停車するので便利

図書館入口のパスファインダーラック。
入る前にもう凄い

とどまらず情報と人とをつなげる多様な図書館サービスに尽力している点。

まず入口前にずらりと並んだパスファインダーの一群にいきなり圧倒される。パスファインダーとは、調べたい事柄やテーマごとに参考資料や調べ方などを記したもの。これを見れば図書館員と同じように知りたい情報にたどり着くことができる。今後自分の力で何かを調べる際の参考にもなる。もちろんこの館のことだから、質問をしたとしても手練れの図書館員さんが真摯に応えてくれるはず。パスファインダーの作成や配布は同館独自のサービスというわけではなく多くの図書館が導入している。ただ力の入れ方が違うと入館前にわかるのだ。もちろん館内でも、至るところで「図書館力」の高さにしびれさせられた。

鳥取市の人口は20万人以下だが、もし私が移住したとしても、この館がある限り私にとってはどんな大都会よりも便利で住みやすい街となるだろう。人にそこまで思わせる図書館が世の中にはあるのだ。

「オアシス」の水鏡に映る鳥取砂丘

交 JR山陰本線鳥取駅から徒歩25分
日本交通バス・日ノ丸自動車バスとりぎん文化会館前・県庁日赤前からすぐ。
100円循環バス「くる梨」他、該当路線多数
住 〒680-0017 鳥取県鳥取市尚徳町101
開 火～金9時～ 19時（5月～ 10月）、9時～ 18時30分（11月～ 4月）
土日祝月9時～ 17時
休 第2木曜、月最終日、年末年始
近 鳥取砂丘、たくみ割烹店

湯梨浜町立図書館（鳥取県）

根っからの天邪鬼なもので、流行や多数派に対して自然と背を向けてしまう。若ければ「気骨のある青年」として受け取られるが、中年になった今では「めんどくさいおじさん」でしかない。例えば芸能人がオフに行ったという海外旅行の話をしたとする。その旅先がリヒテンシュタイン公国やマダガスカルだったらいいのだが、ニューヨークやハワイなどの定番だったら勝手にがっかりする。

私は音楽ライターもやっていて、専門分野は当然アメリカやイギリスではなくメジャーアーティストでもない。ポーランドや中欧諸国の音楽をメインに書いている。とは言え、反骨精神でわざわざ人がやらない地域を選んだわけでもなく、単にその音楽性が肌に合っただけなのだが。ただ、私がこんな性格でなければ、このエリアの音楽を最初に聴いた時に何も感じなかった可能性は高い。

さて、芸能人に限らず海外旅行の行き先にハワイを選ぶ人がほんとうに多い。行ったことがない私に言う資格はないが、いったいハワイの何がそこまで日本人を惹きつけるのだろうか。そんな私も実はハワイに行ったことがある。すぐ手前で行ったことがないと書いているじゃないか、というツッコミ待ちだ。誰かツッコんでくれませんか。

ハワイと言っても、私が行ったのは鳥取県湯梨浜町の「はわい温泉」。鳥取市と米子市のちょうど真ん中辺りにある東郷湖畔に作られた温泉街だ。東郷湖は正確には東郷池という名称らしいが、とりあえずここでは東郷湖と呼ぶ。JR山陰本線は基本的に日本海沿いを走る絶景路線だが、鳥取県内では2度内陸部に入り込む。鳥取駅前後と、東郷湖や歴史ある街並みで知られる倉吉を含む区間だ。

倉吉駅から一つ東にある松崎駅のすぐ北側が東郷

湖。やや内陸に位置するものの、橋津川で海につながる汽水湖で、一周しても十数キロしかない。松崎駅は東郷とはわいの2つの温泉地の玄関口なのだが、はわい温泉はまだ数キロ先。駅前にかかるアーチにも「東郷温泉にようこそ」としか書いていない。

湯梨浜町立図書館はこの松崎駅から徒歩数分ほどの場所に建つ。モンゴルの遊牧民族が暮らすテント状の住宅「ゲル」に似た外観が印象的。館内ではその美しい天井の造形についつい目が行く。東郷湖北西部にあるもう一つの町営図書室もゲル状デザインらしい。そちらは小学校に併設。図書館がすぐ近くにある環境で育つ小学生がうらやましい。私が育った大阪南部の自治体は図書館までのバス路線はなく、自転車でも遠いのであまり利用していなかった。

東郷湖は風がほとんどなく、穏やかな湖面が印象的だった。はわい温泉の夜の露天風呂から真っ暗な湖を眺めると、その静けさと穏やかなそよ風にとてもリラックスできた。派手さはないが、おすすめの温泉地だ。

松崎駅前にかかるアーチ。
はわい温泉も書いてあげて～

図書館を示す標識があると嬉しい。
スナックも「湯梨」

東郷温泉側からはわい温泉を望む

交 JR山陰本線松崎駅から徒歩7分
住 〒689-0714 鳥取県東伯郡湯梨浜町龍島497
開 10時～ 18時
休 月曜、祝日の翌日、最終金曜、年末年始
近 はわい温泉、中国庭園燕趙園

出雲市立
海辺の多伎図書館
（島根県）

海辺の、という言葉は万能の枕詞だ。海辺の駅、海辺の街、海辺の小学校。ほら、なんだか素敵なイメージを思い浮かべてしまうでしょう。ここに「図書館」を入れてみても同じ。海辺の図書館。海のブルーを眺めたり波の音を聴きながらの読書といった優雅な自分を想像する。

私は海を眺めるのが大好きで、旅先にはよく海辺の街を選ぶ。そしてその街に図書館があるかどうかを必ず事前にチェックする。ただ、ひとことで海辺と言っても、その土地の地形は様々。地図上でどんなに海に近く見えても、見晴らしがいいかどうかは話が別なのだ。

その格好の例がＪＲ日豊本線だろう。地図を見ると、延岡から宮崎へと南下する区間の美々津駅から日向新富駅手前辺りまでは海岸沿いにレールが走っている。最高の車窓風景が楽しめるはずと乗ってみたのだが、列車と海との間に森が続き、ほぼ全くと言っていいほど海が見えず呆然とした。

旅はやはり実際にその場に立ってみないとわからないということなのだと思う。グーグルマップのストリートビューでいくら下調べしてみても、想像していた景色と違うことはままある。とは言え、地図があてにならないことはわかっていてもやはり、海辺の図書館という言葉は激しくイマジネーションを喚起する。しかも、ほんとうにそんな名前を持つ図書館が存在するのだ。

それは島根県出雲市に属する多伎町の「海辺の多伎図書館」。ＪＲ山陰本線小田駅からゆるやかな下り坂を進んだ先に、住宅や温泉施設「マリンタラソ出雲」などの建物が立ち並ぶ海沿いの一画がある。同館はこのエリアに建っている。周辺は建物が遮っているため、海はほぼ見えない。海辺の街の散策を楽

最寄り駅小田から見た海。
坂を下るので街から海は見えない

図書館の前に広がる日本海。
屋外読書スペースから

しみに小田駅で降りるとあてがはずれるかもしれない。海の絶景を楽しみたいなら西側に一つ隣の田儀駅がおすすめ。高台にあり、海との間には国道一本しかない。まさに理想的な「海辺の駅」だ。

　しかし多伎図書館は街側から直接海が見えないからこそ、その価値を高めている。建物の中に入らないと海が見えない。つまり海を見るためにここを訪問するという目的が生じるのだ。館内は白が基調のデザインで、目に優しく過ごしやすい。小さな館のわりに屋外読書スペースが多くとられているのも特徴だ。海側の読書スペースはウッドデッキ・バルコニー風。海に面した高台の端という立地のため、芝生と生垣の向こうに大海原が広がっている。まさに海辺の図書館。看板に偽りなし。

　海側の斜め前には公営住宅があった。その白い壁、海と空の青、芝生の緑が美しく調和している。ここでは潮風に吹かれての読書は夢物語ではないようだ。この街に住む人が心底うらやましい。

隣の「海が見える駅」田儀

交 JR山陰本線小田駅から徒歩10分
住 〒699-0903 島根県出雲市多伎町小田73－1
開 10時～ 19時
休 月曜、月最終日（土日の場合は直前の平日）、年末年始
近 マリンタラソ出雲、田儀駅

伝統芸能を最先端エンタメにアップデートした街

浜田市立中央図書館（島根県）

日本各地にある「伝統芸能」をいかに次の世代に伝承していくのか。今の日本社会ではすでに難題になりつつある。ここ数十年の間に急速にインターネットやエンターテインメントコンテンツが進化し、伝統芸能が庶民のお楽しみだった時代はすでに終わりを告げた。

伝統芸能が披露される場の多くは「お祭り」が占めている。しかしなぜ日本の祭りはあんなに性役割がはっきりしているのだろうか。男性が主役としてはっちゃけるのを女性がひたすらバックアップする祭りもあれば、どちらも主役ではあるものの役割分担や服装が固定されていたり。男女平等や性の多様性が謳われる現代社会との落差が激しい。伝承が難しくなりつつあるのもむべなるかな。

その点、青森市のねぶた祭りは異端だ。服装も役割もほぼ男女差がなく誰でも参加できる。ジェンダーフリーなのだ。この美点はもっとアピールしたほうがいい。ねぶたにはある種の多様性があるので、長く伝承されていくだろう。同じく伝承の優等生に、島根県の浜田市を拠点とする石見神楽がある。テレビ番組や書籍の受け売りだが、石見神楽の優れた踊り手や楽器奏者は現地の少年少女にとってアイドル的な存在らしい。

まさに庶民のエンターテインメントとして現役バリバリで若い世代への訴求力もあるということだ。毎週末に上演されるのも特筆もの。ネットで言うところの「読者の興味を逸らさないコンスタントな更新」と同じ効果を発揮している。テレビで観る限り、やり過ぎとも言えるけれん味が面白いし、確かに生で鑑賞したくなる。観光資源としても優れており今のところ伝統芸能としてあまり欠点が見当たらない。

そんな伝統が今も息づく浜田市に２０１３年、新しい中央図書館が誕生した。全国公募により決定した「ラブックはまだ」という愛称がある。浜田市も城下町なので鉄道駅から離れたところに中心街があるのだが、幹線道路に沿った官公庁街と商店街やホテルが立ち並ぶエリアが、駅から見て別のサイドに分かれているのは少し変わった街の構成だ。

図書館は駅南東部ホテル街側、浜田川沿いに建っている。駅からは歩いて十数分くらいかかるので、程良い街歩きができるだろう。ファサードは名産の赤い石州瓦と色調を合わせた、赤褐色の煉瓦が鮮やかで目立つ。屋根には本物の石州瓦も使われているらしいが、残念ながら角度の問題でほぼ見えない。館内は地面から天井まで届く細長い窓がずらっと並び、採光が良く明るい。デッキチェア風ソファの前は全面ガラスで特にくつろげそう。

浜田市へのアクセスはぜひJR山陰本線で。窓の外に見える海の青と、石州瓦の屋根の赤のコントラストがとても美しく、一度見たらきっと忘れられない景色になるはずだ。

浜田川。ここを進むと間もなく図書館

浜田駅から見た駅南東部の市街地

JR 山陰本線の典型的車窓風景。戸田小浜駅～飯浦駅間

交 JR山陰本線浜田駅から徒歩12分
住 〒697-0024 島根県浜田市黒川町3748-1
開 9時～ 19時
休 第2・第4月曜、年末年始
近 石見畳ヶ浦、島根県立しまね海遊館アクアス

倉敷市立児島図書館（岡山県）

今後どうなるかわからないものの、コロナウイルスは旅行支援の試みを多く生み出し、私のような貧乏物書きにとっては非常にありがたい状況だった。

ＪＲ各社の中でも北海道と並び経営困難に陥っているのがＪＲ四国。鉄道運営において収益のほとんどは列車の搭乗運賃。つまり経営が厳しいイコール乗客がいない。この状況はさらなる悪循環を生む。乗客がいない列車をたくさん走らせる意味はないから、運行ダイヤがどんどんスカスカになっていく。そして本数が少ないからさらに乗りにくくなる。一度運行本数を減らしはじめた路線に再びかつてのような乗客数が戻ることはない。経費を抑える一時しのぎと言うよりも、遠い未来に廃線を見据えた初手なのではないかと勘ぐってしまう。

これは地元の問題にとどまらず、旅行者にとっても悩みの種になる。列車の運行本数が少ないとプラン作りが困難になるのだ。四国の場合は、乗る列車のほとんどを特急にしないとにっちもさっちもいかない状況になりつつある。特急は確かに速くて楽だが、行ってみたい土地にある駅のほとんどをスルーするのが困る。私はスローな列車旅の愛好者だし。いや正直に言おう、旅費が高くなることのほうがしんどいんですわ。

そんな私にとって、コロナ禍における旅行促進の目的で２０２１年に販売されたフリーパス「四国ＤＣ満喫きっぷ」は実にありがたかった。ＪＲを含む四国内の鉄道路線が3日間乗り放題で、自由席なら特急も無料。料金もアプリ上での使用ならたった9千円。安い。これ幸いと四国一周旅行に行ったのだが、気になった点が一つ。パスの適用範囲内に、瀬戸内海を越えた本州側にある児島駅が含まれていたこと。児島は岡山県倉敷市だ。児島と四国は瀬戸大橋を走

駅でジーンズ3連発その2。
階段に描かれたジーンズ

駅でジーンズ3連発その1。
ロータリー通路にぶら下がるジーンズ

る特急や快速で直接結ばれている。とは言え、このパスの利用区間にあえて入れなければいけない理由も思いつかない。

しかし行けると言われれば行くのが貧乏性というもの。プランの都合で夜になってしまったが、四国からいったん離れて児島を訪ねることにした。私の漠然とした予想は完全に裏切られ、児島の街は郊外のベッドタウンそのもの。幹線道路沿いに大型店舗が立ち並んでいる。そんな街並みのさなかに児島図書館があった。駅から徒歩10数分ほど。

書架の側面が濃いブルーになっていて目を引いた。これは書架用としてはずいぶん珍しい色だ。なぜこんな色に?駅に戻ってその理由に気がついた。ロータリーの屋根にスルメ状のものがたくさんぶら下げられていた。よく見るとジーンズだ。そうそう、児島はジーンズの聖地だと思い出す。他にも駅のあちこちにジーンズをモチーフにしたあれこれが。書架のあの色は、ジーンズを模していたのか。なるほどなあ。

駅でジーンズ3連発その3。エレベーター扉のジーンズ柄

交JR本四備讃線児島駅から徒歩13分
住〒711-0913 岡山県倉敷市児島味野2-2-37
開月～土9時～ 19時、日祝9時～ 17時
休月曜（第1以外）、最終金曜（8, 12月以外）、年末年始
近児島ジーンズストリート、風の道

三次《みよし》市立図書館（広島県）

公共交通の廃線や廃駅の報せを聞くと、いつも少し悲しい。私が運転免許を持たない人間だからより切実に感じるのだろうか。旅をするにも日常生活を送るにも、車が運転できない大人は実質的に学校に通う小中高生と同じ立場にいる。移動の手段が公共交通しかないからだ。つまり廃線や廃駅は、そこを利用して通学する子どもがいなくなったことも意味する。それを想い、悲しくなるのかもしれない。

近年の廃線例では広島県の三次市から島根県の江津市までを結ぶ長大な鉄道路線ＪＲ三江線（２０１８年４月１日廃線）が話題になった。私は一度だけ三江線に乗ったことがある。三次は指折りのローカル路線として名高かったこの線の起点なので、なんとなくさびれた街なのではという先入観を持ってしまっていた。行ってみると確かに高層ビルは見当たらないし､街には穏やかな空気が漂っている。夜はひっそり落ち着いたムードで人通りも少ない。

ただ、ここは中国地方最大の都市広島から直通の芸備線沿線でもある。三次駅舎も小さくはあるがモダンな感じで、スタイリッシュな外観。人口は現在５万人強だが、日帰りで広島に遊びに行けるのでその数倍の人口規模の街の利便性と生活の充実があるように思える。このような街のほうが、地方都市の程良い静けさと大都市の賑わいの双方を日常的に味わえてお得なのではないだろうか。

図書館は馬洗川の堤防沿いに建つ。木の葉のような形の先が尖ったフォルムが特徴的だ。入口は併設の福祉保健センター側にあり、こちらは旧来の公共施設らしい造形でそのコントラストが面白い。センターはバス停も兼ねていて、バスの待ち時間が大きくデジタル表示されるモニターがあった。学生が何人か座って、図書館の本を読みつつ静かにバスを待っている。下校する時間帯だからかもしれないが、館内には学生の姿が多く見られた。蔵書も新着本を中心によく吟味されているような印象を受けた。

外に出ると陽が沈みつつある。馬洗川の堤防に上がってみたら、道沿いにライトが点々と設置されていて夜の散歩も楽しめるようになっていた。しばらく川に沿って西に歩いて行くと、江の川との合流地点に着く。北から流れ込む西城川も合流しており、雄大な眺めが楽しめた。空が水に映える夕暮れ時がおすすめだ。

江の川にかかる巴橋を渡ると三次本通り。レトロな風情の街の名所だが、中古CD店があるのに驚いた。オールジャンルの幅広くかつ充実した品揃えで、ここ目当てに三次に来る人もいるのでは。店主に訊くと開店してからもう30年ほどだそうだ。翌朝この通りをもう一度歩いていると、開店準備中の衣料店のご主人が、気持ちいい挨拶とともに市内の観光地図をくださった。われながら単純すぎるが、これがダメ押しとなって三次のファンになった。

レトロな街並みも三次の魅力

ライトアップされた夜の巴橋

最初で最後の三江線乗車。旧尾関山駅にて

交JR芸備線三次駅から徒歩15分
住〒728-0013 広島県三次市十日市東3-14-1
開10時～ 20時
休月曜（市内小中学校の長期休暇期間のぞく）、年末年始
近三次本通り、巴橋

下関市立中央図書館（山口県）

新進気鋭の作家、渡辺優の「きみがいた世界は完璧でした、が」では、主人公の男子大学生が片想いしている同級生女子に何度も告白して毎回フラれる。読んでいて下関市立中央図書館を思い出してしまった。下関は過去に何度も行ったが、図書館はその度に休館日だったり時間がなかったりで訪ねることができなかったから。全国各地を旅しているが、ここまで図書館空振り率が高い街は下関市を措いて他にはない。たいていは二度目の訪問で図書館に行けている。とは言えフラれ続ける私の側にも原因がある。そもそも滞在時間が短いのだ。宿泊したとしても夜に着いて早朝に発つプランのことが多かった。

下関市はよく勘違いされるが山口県の県庁所在地ではない。人口が県内でトップであることと交通の要所であるため、そう思われることが多いようだ。個人的に下関市の最も特筆すべき点は、日本海と瀬戸内海の両方に面しているということだと思っている。全国各地を見渡しても、2つの海に面している自治体はそう多くないだろう。すぐに思いつくところでは北海道の稚内市や八雲町あたりか。

下関市が面白い点はもう一つ。隣県大都市のベッドタウンになっていることだ。その大都市とは九州で第二の人口を誇る北九州市。関門海峡を挟んだ向かいにあり、下関駅から中心部の小倉まで電車で20分かからない。これは県や市としても好条件だろう。仮に市内に仕事がなくても、北九州市に勤務先を見つけてくれれば人口流出が防げるのだから。一方で旅行者は、私のように下関市を通過点的に捉えてしまう可能性もある。

繁華街的な意味での市の中心部は下関駅から徒歩で20分近くかかる場所にある。また宿泊施設は駅周辺に集中しているため、繁華街になかなか足が向

下関市の海その２。日本海に架かる角島大橋

下関市の海その１。冬の朝の関門海峡

かず街の印象がつかみにくい。市立中央図書館は繁華街と駅のちょうど真ん中辺りに建つ複合施設DREAM SHIP内。3階までが生涯学習プラザで、4階と5階が図書館だ。

数回目にしてようやく訪問できた。フラれ続けた過去の二の舞にならないように、この時は午前中にたっぷり時間をとり、朝の散歩のあとの開館直後に入館することにした。ガラス張りで交差点の角に面した部分がカーブし、2階までがピロティになっているファサードはなかなかのインパクトだ。1階外のテラスからはほんの少しだけ関門海峡が見える。

旅先の図書館ではよく企画展示をチェックするのだが、訪問時の展示で大女優の田中絹代や木暮実千代が市ゆかりの人物だと知った。小津安二郎監督「お茶漬けの味」出演時の木暮がけっこう好きなので、旅先での思わぬ再会がちょっと嬉しい。これからは中国地方や九州への旅も増やしたいと思っている。きっとこの街にはまた何度も来るだろう。今度は夜に図書館に行ってみようかな。

下関市の海その3。下関駅から見える小戸海峡

交 JR山陽本線下関駅から徒歩10分
住 〒750-0016 山口県下関市細江町3-1-1DREAM SHIP4～5階
開 9時～19時
休 月曜、最終金曜（祝日の場合その前日）、年末年始
近 海峡ゆめタワー、市立しものせき水族館「海響館」

三好市中央図書館（徳島県）

図書館の立地としてありそうでいて実はほとんどないのがアーケード商店街。図書館は複合施設であれ単館であれ、基本的に独立した建物であることがほとんどだ。みなさんもどうぞご存じの限りの図書館を思い出してみてください。おそらくその全ての館が一個の建物としてあると思う。一方でアーケード商店街は一つ一つの建物がほぼすき間なく隣り合い、しかも上空ではアーケードでつながっている。言わばそこにある全てが回廊の一部と化している。

図書館が独立した建物内にあることが当たり前になっている理由はわからない。ただ、アーケード商店街がいくら「庶民の空間」だとは言え、ここにわざわざ図書館を配置する必要もない。しかし図書館という施設はほんとうに驚くほど多様だ。アーケード商店街の中に位置する図書館もちゃんと存在した。それは徳島県の山間にある自治体、三好市の中央図書館だ。

個人的にすぐ思い浮かぶ三好の名物が2つあった。1つ目は、多彩な景観を誇る四国の中でもとりわけ絶景として知られる大歩危峡だ。巨大な岩石と急峻な水の流れもさることながら、大歩危の眺めの魅力を形作っている重要な要素は、険しい山々にしがみつくように建てられた集落だろう。三好名物のもう1つは甲子園の常連として有名な県立池田高校。高校野球にそれほど興味がない私でも知っているほどの強豪だ。「攻めダルマ」の異名を持つ高校野球の改革者、蔦文也氏は監督として同校野球部を40年間率い、亡くなった今では市ゆかりの偉人の一人だ。

アーケード商店街の「駅前通り」は、その名のとおりJR阿波池田駅のすぐ目の前が入口。その入口から数えて2つ目のビルにあるのが、三好市中央図書館だ。あまりにさりげなく商店街の一部として存在しているので、ついつい見逃がしてしまいそうになる。実際に私はいったん通り過ぎ、振り返って入口を見つけた。館内は、慎ましく小さな入口から想像がつかないくらいの奥行きがあった。奥のほうには狭いながらも独立した郷土資料室も。

本も借りられないのに旅先で図書館に寄るなんて意味ない、と考える方もいると思う。ただ、観光地を持つ自治体の場合、館内に観光客用のパンフレットなどを置いていることも。これが楽しい。この図書館でも、入口横に「うだつの街並み」を散策するためのガイドマップがあったのでいただくことにして、軽く散歩を楽しんだ。

最後の目的地は吉野川に作られた池田ダムだ。実際に来てみて判明したが、ダムは険しい丘を越えた向こう側にあった。住宅街が急な斜面にすがりつくように展開している。その丘の頂点に、かの池田高校が建っていた。ひいひい言いながら坂を上りつつ、この道を毎日通うからこの高校は野球が強いのかと妙に納得した。

雄大な池田ダム

うだつの街並みから見上げた小中学校。
左に行くと池田高校がある

橋の上から見た大歩危駅

交 JR土讃線阿波池田駅から徒歩1分
住 〒778-0003 徳島県三好市池田町サラダ1836-1
開 10時～ 19時
休 水曜、最終月曜、年末年始
近 池田ダム、大歩危峡

土庄《とのしょう》町立中央図書館（香川県）

一時期「島」にハマったことがある。なぜだか妙に島に行きたくてたまらない。とは言え資金が潤沢にあるわけでもなく、行けそうな島を血走った目で厳選する日々だった。では島と聞いて思い浮かべるのはどこだろう。有名な北海道の利尻や礼文、新潟県の佐渡、鹿児島県の屋久、奄美大島などはその筆頭かもしれない。世界に目を向ければほとんどの国より大きなグリーンランドなんて怪物級もあるし、そもそも日本も島国だ。ちなみに本州は世界で7番目の面積の島だ。

　しかし考えてみれば地球上のあらゆる陸地が島なのだ。ユーラシア大陸もアフリカ大陸もほぼ四方を海で囲まれた巨大な島と言えるだろう。どこもかしこも島ならば、別に頑張って島に行く必要はないはず。それでもやっぱり島の旅に出てみたい。では「島に行く実感」は何から生まれるのか。それは海を渡るということではないだろうか。「本土」側の港から船に乗って海に渡る。渡ったらまた船に乗るしか戻る術はない。それこそが島を経験する肝なのでは。

　ただし島旅は車を運転しない者にとっては曲者で、島内にバスが走っていないと一気に厳しくなる。幾多の脳内妄想島旅が挫折したのも島内移動の困難という理由もあった。今回ご紹介する小豆島《しょうどしま》での旅は両親との家族旅行も兼ねていて、父にレンタカーを運転してもらうことで成立した。だが小豆島オリーブバスが島内のかなりの地域をカバーしているので、私一人でも楽しめたと思う。

　この島では2つの自治体が共存する。小豆島町と土庄町だ。島には自治体一つだけというイメージが強いが、利尻島や種子島など複数の自治体を擁するところもある。図書館ウォーカー的には当然両自治体の館に行きたいところだが、小豆島は観光コンテ

瀬戸内海を眺める両親

すぐ横を流れる伝法川

ンツてんこ盛りのすごい島だ。

しょうゆ、オリーブ、ごま油にそうめんと食も魅力だし、山にも海にも名所がある。中山の棚田、オリーブ園、二十四の瞳映画村など有名スポットの数々に海沿いを走る国道ドライブ。車で島内を駆けめぐったのに、それでも時間が足りず図書館訪問は土庄町だけになった。

土庄町立中央図書館「ほんとぴあ」は島の西部を流れる伝法川の河口付近に建つ。流れが穏やかだからか、館すぐ横の川沿いの道には縁石のような低さの仕切りがあるのみ。思わず飛び込みたくなる。訪問時はジャーナリストの後藤健二さんがシリアで殺害されてからまだ半月だったが、すでに館内に追悼コーナーがあったのを記憶している。

小豆島は俳人尾崎放哉の終焉の地でもある。館の横には蔵のような資料館が建っていた。図書館員に言えば入館できるようだ。横の道は見晴らしが良いが、橋を渡って南にある土庄本町は入り組んだ「迷路の街」として有名らしい。次はそこで迷ってみよう。

お隣の小豆島町にある中山の棚田

交 土庄港フェリーターミナルから徒歩25分
小豆島オリーブバス（田ノ浦映画村・神懸・三都の各線のぞく）オリーブタウンバス停から徒歩1分
住 〒761-4121 香川県小豆郡土庄町淵崎甲1400-1
開 水9時～19時、水以外9時～18時
休 月曜（祝日の場合翌火曜も）、祝日、月最終日、年末年始
近 エンジェルロード、オリーブ温泉満天の湯

宇和島市立簡野道明記念吉田町図書館（愛媛県）

全国高等学校野球選手権大会、通称「甲子園」は、今の日本社会における急速な地理知識低下の歯止めになっているのではないか。出場校名に地名がついていることが多くシーズン中は毎日報じられるため、視聴者の記憶に残るのだ。北海道と言えば駒沢苫小牧だよな、というふうに。私は特に野球が好きなわけではないが、大学入学以前の実家暮らしの頃は親と一緒によく甲子園中継を観ていた。30年ほど前の家族の平均的な姿だろう。

そんな私にとって、愛媛県と言えば宇和島東高校なのだった。同校は甲子園優勝経験もありプロ野球選手も数多く輩出している名門だ。以来ずっと宇和島市が気になっていた。この街に対する興味はうっすら続いていたものの、四国は遠いのでなかなか訪問する機会がなかった。

ところが「行く時は今だ」と腰をあげさせる出来事があった。平成30年7月豪雨だ。ちなみにこれは気象庁の命名で、被災地のほとんどが西日本エリアだったため「西日本豪雨」という言葉を使われることも多い。岡山県倉敷市真備町など特に被害の大きな街は連日繰り返し報道されていて、その中に宇和島市吉田町の名もあった。

同じ四国の香川県が「うどん県」なら、言わば愛媛は「みかん県」。四半世紀ほど前にヘヴィメタルバンドSEX MACHINEGUNSが「みかんのうた」をヒットさせたことも懐かしい。吉田町はそんなみかん県愛媛内にとどまらず、日本一のみかんの生産地として名高い。つまり険しい山の斜面に数多くのみかん段畑が設けられた地形ということだ。件の豪雨で土砂崩れが起き、吉田町では実に11人もの方が亡くなった。私は災害に襲われた街は優先的に旅先として選ぶことにしている。せめてもの復興支援に、と考えているからだ。こうして、この街を訪ねる理由ができた。

吉田町にはもう一つの日本一がある。私が勝手にそう決めただけだし、行ってからはじめてわかったことではあるのだが。それは「日本一図書館に見えない図書館」というもの。町内に建つ宇和島市立簡野道明記念吉田町図書館の外観は、完全に寺なのだ。市のホームページによると京都の二条城を真似た御殿風とのことだが、寺のほうが近い。

門前の小川の上には一休さんがとんちで渡ったあれのようなレトロな橋が架かっていて、実際に渡れるのが楽しい。私のあとには近所の猫も渡っていた。この館も被災している。もともと閲覧室は一階だったが大量の土砂が流れ込み、復旧作業には一年近くかかったそうだ。閲覧室は二階に移転した。

宇和島はみかんだけでなく食べ物が全て驚異的に美味で、今のところ再訪候補トップだ。次回は昭和ムードたっぷりでなんだかほっこりする吉田町の街並みも、もっとのんびり散策して楽しみたい。

どう見ても図書館ではない

図書館側から見た橋。
この「反り」がたまらない

のんびりした時間が流れる吉田町の街並み

交 JR予讃線伊予吉田駅から徒歩20分
　宇和島バス（主に松山線・立間線・池の浦線）吉田町図書館前バス停から徒歩2分
住 〒799-3710 愛媛県宇和島市吉田町立間尻甲1802-3
開 火～土10時～18時、日9時～17時
休 月曜（祝日が月曜の場合は翌日火曜）、月最終平日、年末年始
近 伊予吉田駅との間の街並み、ほづみ亭（宇和島駅近くの大衆割烹）

黒潮町立大方図書館（高知県）

ようやくコロナ減少の兆しが見えはじめた頃、2年ぶりの帰省がてら気になっていた図書館を訪ねてみた。高知県西南部にある海辺の自治体、黒潮町の大方図書館だ。数多い訪問候補館の中からまずここを選んだのは、高知県にまだ一度も行ったことがなかったから。図書館のことがなくても、早く旅してみたいと思っていた県なのだ。また、地図で見ると同館は非常に海に近い。海が見える図書館かも。加えて海が見えるであろうことを示唆しているのが、屋上にあるという「屋外テラス」の存在だ。

実家のある大阪府堺市から和歌山港へ行きフェリーで徳島港へ。徳島駅からJR四国の徳島線と土讃線、さらに土佐くろしお鉄道中村線を乗り継いで、ようやく最寄り駅の土佐入野駅に降り立つ。ログハウス風のユニークな駅舎から海側に目を向けると、背の高い防風林が立ちはだかっていた。図書館はその防風林の向こうに建っている。防風林を左手に見ながら、海に向かう道に出るまで線路沿いを歩いていると、線路わきの畑で収穫作業をしている人たちがいた。土から掘り出され、こんもりと積まれたそれはしょうがだった。そうそう、高知と言えばしょうがの名産地。旅先の名産品の収穫場面は萌える。

線路を渡り海のほうに向かって歩くと、防風林は何重にも束になり、ほとんど森と言っていいような状態だと見てとれる。その森の中に突然パッと開ける平地に、目的の大方図書館を含む複合施設「大方あかつき館」が現れた。同館は図書館の他、ホール、町民ギャラリーなどを備えていて、中でも一番の目玉は昭和を代表する私小説作家、上林暁に関する資料を展示した文学館。上林は黒潮町出身で、施設名も彼の名からとっている。

建築デザインの観点から見ても、巨大な白鯨のよ

波が打ち寄せ遠浅の入野海岸はサーフィンにぴったり

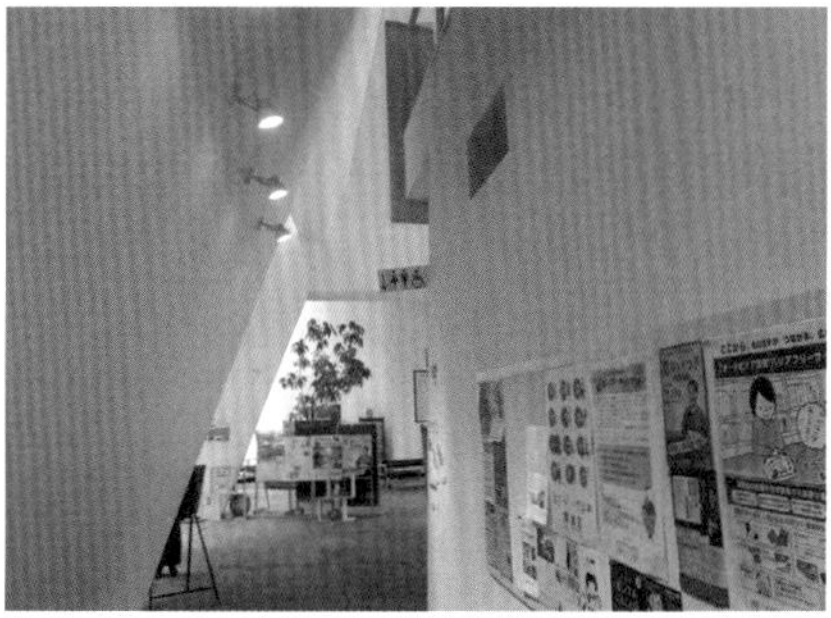

内部もアートな大方あかつき館

うなファサードが面白い。外観と同じく館内も白色が基調で青森県立美術館に似たテイストもある。一階にある小さな図書館ではちょうど小学生たちが見学に来ていた。同じく一階の町民ギャラリーでは花を題材にした絵画の展示が開催中で、二階の文学館ともども楽しませてもらった。

目的の屋外テラスから見えたのは残念ながら防風林だけだった。木々を抜けるとそこはサーファーの聖地。強風が吹き、荒波の押し寄せる入野海岸だ。美しい海と砂浜を撮り終えて林側に戻ると、図書館で見かけた小学生たちにまた会う。「何百年もかけて育てたこの林のおかげで、街は風もなく穏やかなんだよ」と引率の人に説明を受けていた。海が見えないなどと文句を言ってはいけないなあと反省。

黒潮町は国内最高の津波高34メートルが想定されている。駅に帰る途中にもう一度大方あかつき館を眺めたら、すぐ横に避難タワーが建っているのを発見。願わくば、あの子たちが必死でここを駆け上がるようなことが起きませんように。

こういうなんでもない道がなぜか嬉しい

交土佐くろしお鉄道中村線土佐入野駅から徒歩10分
住〒789-1931 高知県幡多郡黒潮町入野6931－3大方あかつき館1階
開平日10時～ 18時、土日10時～ 17時
休木曜、祝日、最終金曜、年末年始
近上林暁文学館、入野海岸

a library walker in KYUSYU・OKINAWA

九州・沖縄

福岡市総合図書館（福岡県）

織田信長も謡い舞った「人生五十年」の終わり頃の年齢にさしかかり、自分がどういう人間なのか見直さざるを得ないようなことが増えている。最近発見したのは、注意深い人間のつもりでいて実はけっこう抜けているということだ。

私が旅先で図書館を訪ねる時は基本的にグーグルマップでルートを調べる。観光案内所などで地図を配布していることもあるが、図書館が書かれていることは少ない。来たるべき図書館ウォークの流行に備え、これからの観光客向け地図には図書館の表示が必須だと各所にご提案しておく。冗談はさておき、アプリでも紙の地図でも、知りたいのはあくまで道順だ。おおまかな場所さえわかれば良い。

さて図書館と思われる場所に着き、すぐ目の前に優れたデザインの建物があるとしよう。「この館、映える！」と写真を撮りまくるが、実は隣の建物だったという早とちりがよくある。慌てて本命の図書館に移動しても、もう最初の興奮がさめてしまっている。勝手な物言いだが、気分がいまいち盛り上がらない。だがまれに勘違いして撮影した施設より「名建築」な図書館がお目見えするパターンがある。記憶に残っているのは福岡市総合図書館本館だ。

同館は福岡市地下鉄空港線西新駅から北に歩いて十数分。大学やおしゃれなショップ、タワマンなどが立ち並ぶハイソな通りを抜けていく。さすが九州最大都市のにぎわいだ。しかし実はここ、「サザエさん通り」という庶民的なネーミング。作者の長谷川町子がこの近所在住時、散歩中に設定を思いつき地元紙「フクニチ新聞」に連載が開始されたのだ。

図書館はサザエさん通りが大きな交差点で一度左折する辺り。たどり着くとまず見えたのが人口の池を目の前に配した建物。訪問時はマジックアワーで

サザエさん通りに建つなんだかおしゃれな大学の図書館

エントランス部分からスケールが違う

池とガラス張りのファサードに空が映り、美しい写真が撮れた。外見がこれだと館内もさぞや、と期待して入ろうとすると図書館ではなく福岡市博物館だと気付く。またやってしまったあぁ。警備員さんに尋ねると道をはさんで隣が図書館とのこと。

ビルの谷間からのぞく福岡タワーの雄姿を見ながら道路を渡ると、広々とした敷地の向こうにシックとコンテンポラリーが共存したような豪奢な建築が。かっこいい。博物館以上の時間をかけて撮影したのは言うまでもない。一瞬ガクッと来たあとだけにテンションはうなぎ上り。しかしこの館は中もすごい。なにしろ広いしエントランスや中庭に巨大な階段、大振りの窓に下げられたカーテンはまるでホテルのような重厚さ。大小のシアター室も含めた多種多様なコーナーはまさに「総合」の名にふさわしい充実ぶり。福岡市に引っ越したくなった。

これからの移住者誘致には図書館の情報が必須だと各所にご提案しておく。こちらは冗談ではなく本気だ。私なら、良い図書館がある街に住みたいから。

池に映る福岡市博物館

交 福岡市地下鉄空港線西新駅から徒歩 15 分
西鉄バス福岡タワー南口バス停から徒歩３分（該当路線多数）
住 〒 814-0001 福岡県福岡市早良区百道浜 3-7-1
開 平日・土曜 10 時～ 20 時、日祝 10 時～ 19 時
休 月曜、月最終日、年末年始
近 福岡タワー、福岡市博物館

玄海町立図書館（佐賀県）

日光がじりじりと照りつける。日焼け予防に着ていた長袖のシャツが瞬く間に汗でびしょびしょになり、まるでサウナのよう。立ち止まる間隔も荒い呼吸の長さも、次第に短くなっていく。東京から青森市に移り住んで十数年、長らく「本物の夏」を体験することがなかった。体からも記憶からもそれは抜け落ちてしまっていた。

ある年のお盆直前、所用で博多に泊まることに。フリーの翌日はJR筑肥線で唐津に行き、その頃なぜかハマっていた棚田を2つ訪ねてみることにした。棚田は基本的にアップダウンが激しく平野部が少ない土地に造られる。鉄道はおろか、バスさえ走っていないことがほとんど。タクシー利用でも相当の距離があり、路銀に乏しい貧乏人にとっては経済的にもアクセスが厳しい場所だ。

そんな中で比較的行きやすく、また海も見えて眺めが私好みなのが唐津市の大浦と玄海町の浜野浦の両棚田。この2つはそこそこ近くにあり、大浦から9キロ歩いて別の路線のバス停に行けば博多に日帰りでハシゴできることが判明した。バス停から徒歩15分ほどの大浦の棚田まではまだ良かった。圧巻の景色をデジカメで撮りまくり、ハイテンションのまま9キロの道を歩みはじめた。

ところが暑さが尋常でない。陽射しが痛いほど強いし、地表からもわもわと熱気が上がってきて手で触れてわかるくらいの質感がある。冒頭で描いた状況だ。こりゃアカん。とどめは急な下り坂で道を間違えたこと。しばらく下ったあとでその先が行き止まりであることを知ってしまった。この坂を今度は上って帰らないといけない。絶望感がスタミナをごっそりと奪う。なんとか坂を上りきり正しい道に戻れたが、農家が集まる集落の入口で気分が悪くな

りへたり込む羽目に。
　近くで農作業中の女性に事情を話してタクシーを呼んでいただき、次のバス停に向かうことに。運転手に行き先を告げ、歩いて行くつもりだったと言うと「ははは、それは無理ですよ」と穏やかに返される。玄海町に至るまでのタクシーとバスの車窓風景は海も山もとても美しく気持ちが生き返った。ダイナミックな景観が有名な浜野浦の棚田の存在が示すように、同町も非常に険しい土地の中にある。
　図書館は埋立地らしき場所に建つ町民会館の中。海に張り出すここもまた「海が見える図書館」だ。輝く水面やリアス式海岸の複雑な地形を眺めつつ辿り着いてみると巨大な会館内はひっそりとしていて、なんと図書館は閉まっていた。あとで調べると休館日は第2と第4火曜日のたった2日だそうだから、われながらすごいクジ運。しかし休館は「また来てね」のあいさつとも言える。それでいい。すぐあとに訪れた浜野浦の棚田も含め、景色のすばらしさだけで充分おつりが来る旅だったのだから。

町民会館裏手の海。
図書館からこの海が見えるはず

休館日で中に入れませんでした

見に来て良かった、浜野浦の棚田

交昭和バス有浦線金の手（まいづる９玄海店）バス停から徒歩７分
住〒847-1422 佐賀県東松浦郡玄海町大字新田 1809-22 玄海町民会館内
開金曜９時～ 20 時、金曜以外９時～ 19 時
休第２・第４火曜、国民の祝日（こどもの日、文化の日のぞく）、年末年始
近浜野浦の棚田、大浦の棚田

スナメリも喜ぶ南欧風デザイン

諫早市立 たらみ図書館 (長崎県)

父の趣味が登山だった影響でティーンエイジャーの頃は「山派」だったのが、いつの間にか「海派」に変わっていた。両親と一緒に行っていたような、テントや食料を背負って山中で何日も過ごす登山はお金がかかる。社会人になって山から足が遠のいたのは、貧乏のせいかもしれない。

今では旅先の選択肢はほぼ海がある場所ばかり。旅程に無理してでも海を入れたくなってしまう。人は変われば変わるものだ。それは図書館ウォーカーのお楽しみにおいても同じで、日本中の「海が見える図書館」を訪ねたいと思っている。グーグルマップなどを使ってリサーチを進めているが、今のところ該当する図書館は90館ちょっと。島国のわりに少ないと感じるか、意外と多いと感じるかは人によって分かれるだろう。海が見えると言っても、館内から直接バーンと見える館だけに条件を絞るともっと少なくなる。私の設定では、敷地内のどこかから海が見えれば良いくらいのゆるい条件にしている。

海が見える図書館王国は長崎県だ。中でも長崎市は公民館図書室などを含めて6つも該当し、海が見える図書館シーンの最先端を突っ走っている。長崎市は2歳の頃に母に連れられて行ったことがあるらしいが、全く記憶にない。今のところ再訪の機会もないが、その時は市内海が見える図書館リレー旅をしてみたい。

長崎県内に範囲を広げれば、長崎市以外に十数館の該当館がある。その中から実際に訪問できた館の一つをご紹介しよう。諫早市のたらみ図書館だ。最寄り駅はJR長崎本線の喜々津駅。同駅は大村湾側に北上する旧線と南下して山間部を突き抜ける新線の分岐点となっている。北海道のJR函館本線における大沼駅のような感じか。2つの路線に著しい「本

図書館のある公園を囲む海。
スナメリもいるぞ！

じっくり見て回りたくなる南欧風デザイン

数格差」があるのも同じだ。

喜々津駅前には小ぢんまりとしたロータリーがあるのみで静かな郊外のムードだ。最寄りとは言え、たらみ図書館までは歩いて十数分はかかる。運河状に整備された喜々津川を渡ると、低い山並みが上流に向かって連なっているのが見える。訪れたのは初冬だったが緑は豊かなままで、さすが九州。坂を少し上ると閑静な住宅街が広がる。新線を使えば長崎市へのアクセスも容易なため、ベッドタウンになっているのだろう。

たらみ図書館は海に突き出した公園内というロケーションもさることながら、南欧のリゾートホテル然とした館内外のデザインの独創性も魅力。南相馬市立中央図書館も手がけた寺田大塚小林計画同人による設計。私が市長なら、宿泊用の部屋を作って泊まれる図書館にしちゃうなあ。駐車場の向こうにはこの土地ならではの複雑なリアス式海岸に囲まれた紺碧の海が広がる。思わず駆け寄ると、スナメリが海面に現れあいさつしてくれた。

街なかを流れる喜々津川の景観もすばらしい

交 JR 長崎本線喜々津駅から徒歩 15 分
住 〒 859-0406 長崎県諫早市多良見町木床 2002
開 金曜 12 時〜 20 時、金曜以外 10 時〜 18 時
休 月曜、第 3 木曜、土日以外の祝日、年末年始
近 なごみの里運動公園、喜々津川

小国町図書室（熊本県）

リノベーションが一大ブームだ。歴史ある街で、観光客におすすめのおしゃれスポットとして紹介されるカフェやショップの半分くらいはリノベ物件だとは言い過ぎだろうか。積み重ねられた伝統を、現代の視点で再構築する。リノベ精神は建築のみならず芸術や工芸にも通じるように思う。特に欧州の先進的な音楽にはそのスピリットを強く感じる。アートとの共通点があるから、デザイン的に優れ、人の目を楽しませるリノベ建築がたくさん生み出されているのかも。青森県内だと、旅館を再利用した八戸市小中野の「ソールブランチ新丁」や、古い民家をうまく使った十和田市の「Cafe Happy Tree」などすばらしいリノベカフェがある。ぜひ訪ねて欲しい。

ただ、図書館は依然として従来のスクラップ・アンド・ビルド方式が幅を利かせているように思う。いかにも公共施設然とした、無個性な建物がまだ多いせいもあるだろう。リノベーションするにはまず前提として、元々あった建物が再利用するだけの価値を持っていることが必要だ。図書館の役割も変わりつつある今、新しいあり方に沿うような建築を模索中なのだろう。近年は名建築に挙げられる新築図書館が増えてきた。何十年、何百年後かにそれらの建物がリノベされる例が出てくるのかもしれない。

というわけでリノベという視点から見た図書館はまだトピックが少ないが、ぜひご紹介したい例がある。熊本県の小国町図書室だ。小国町は、温泉で有名な大分県日田市と絶景てんこ盛りの熊本県阿蘇市の中間くらいに位置する。今や国内外の観光客に大人気の黒川温泉は、隣接する南小国町にある。では小国町の名所はどこなのか。それはＣＭなどで有名になった「鍋ケ滝」だ。滝の裏にも入れるという景観は、幻想的な美しさで多くの観光客の目を虜にしているらしい。「らしい」と書いたのは、私は行けなかったから。町中心部から徒歩で向かうつもりで地元の人に道を尋ねたら、噴き出されてしまった。距離だけなら歩いて行けそうに思えるが、道のアップダウンが激しく数時間はかかるとのこと。

貧乏旅行だったのでタクシーも使えず、それならばと街歩きがてら訪ねたのがこの図書室だ。正直言って何も期待していなかったが、前に立って驚いた。旧肥後銀行の格調高い石造りの建物がリノベされたものだったのだ。扇形に開いたエントランスの石段や両脇の柱の風格たるや。入館すると再び驚く。巨大な樹がフロアの真ん中に立ち、2階の天井まで吹き抜け。壁には細長く伸びた窓がたくさん並び館内の採光は豊かだ。この樹は1999年に台風で3分の2が倒れた天然記念物「阿弥陀杉」の倒壊部分の一部だそうだ。ここにもリノベ精神があった。

阿蘇側に抜ける路線バスは、陽に輝く草原や壮大なカルデラなどの絶景が続く。小国町訪問の締めとして、必ず乗って欲しい。

現代アートのような道の駅小国のガラス壁

のんびり散歩がぴったりの小国の街並み

美しく輝く阿蘇の草原

交 産交バス小国郷ライナー・阿蘇小国杖立線ゆうステーションバス停から徒歩 10 分
住 〒 869-2501 熊本県阿蘇郡小国町宮原 1590
開 10 時～ 13 時と 14 時～ 18 時（13 時～ 14 時は昼休み）
休 日祝、年末年始
近 鍋ケ滝、道の駅小国

熊本市河内公民館図書室（熊本県）

観光名所としての性格を兼ね備える図書館も次々と登場する一方で、基本的に地元の人だけが通う施設という認識も根強い。同時に公共図書館は「誰でも無料で」利用できるという尊い原則があるので、旅行者も遠慮なく使えばいいと私は考える。

とは言え、規模の小さな町村の図書館や旅行者が行くには不便な地域にある公民館図書室のような施設を訪ねる時は少し緊張する。明らかに地元住民ではない人間がコミュニティに入り込んできた時の「出迎え方」は、地域によって大きく違うからだ。いぶかしげな視線を向けられるとそれなりにダメージを受ける。入館時に会釈したりあいさつしたり、できるだけ怪しさを緩和しようと努めている。だから旅先で訪ねた図書館の雰囲気や職員さんのキャラに救われることも時々ある。そんな思い出を一つご紹介したい。

なかなか西日本に行くことが少ないが、熊本市はかなりリピートしている街だと思う。ぱっと数えるだけでも5回以上は訪ねている。その理由の一つに勝烈亭の存在がある。私が一番好きな料理はとんかつかもなのだが、個人的にはここのとんかつが日本一うまい。

熊本市は2016年の熊本地震で甚大な被害を受けた熊本城周りの、内陸部の街並みの印象が強いかもしれない。だが西区と南区の一部が有明海に面している。私は地元の人たちしか利用しないような海沿いのバス路線を探して乗るのが好きだ。鉄道では少なくなってしまったが、バスは全国にまだまだたくさんシーサイド路線がある。

ある時、北側の玉名市から西区の有明海沿岸エリアを経て市の中心部に至る路線に乗ってみることにした。その中ほどに聖ヶ塔というバス停がある。海

見飽きない立体交差の造形

公民館からの海と島原の遠望

側の真下に医療法人財団の聖十字会が運営する同名病院があるからこのバス停名なのだが、山側の坂を上った先に熊本市河内公民館が建っている。

ここはまずデザインが楽しい。本棟から大きく張り出した部分にはいくつもの柱と梁が行き渡り、坂の下から見上げるとその複雑なシルエットが映える。図書室は1階の海側角にあり、入室時に名前や住所を記入するようになっていた。いつものようにビクビクしながら、仕方なく青森市と書く。窓からはすばらしい眺めが。高台なので島原半島まで見える。公民館には最上階に展望室もあったが、コロナ対策のため利用不可になっていた。

入口で入館時に脱いだ靴をはいていると、図書室の女性職員さんが通りかかり「青森の人！お話ししたかったんです」と明るく声をかけてくださった。そばにいたおじさんも交え、ここの絶景やいちご煮、私の母の故郷が島原のほうだったことなど話が盛り上がり、温かい気持ちで公民館を後にした。眼前にはまた海。ああ、ほんとうにいい景色だなあ。

バスから眺めた遠浅の有明海

交 産交バス天水支所前（または小天温泉）～桜町バスセンター・玉名駅前～河内温泉センター聖ヶ塔バス停から徒歩３分
住 〒861-5347 熊本県熊本市西区河内町船津791
開 9時30分～17時
休 月曜、第４木曜、年末年始
近 河内みかん畑、ショッピングセンターシトラス

津久見市民図書館（大分県）

貧乏性は旅に表れる。予算と折り合いをつけながらプランを立てる際、どこにお金をかけるか、または削るか。私の場合「どうせここまで来たのなら」の気持ちが前面に出る。せっかくなので、なかなか行けないような場所を目的地に盛り込もうと考えてしまう。その典型的なものが「半島の先っちょ」だ。旅行者が半島の先端に行こうと思ったらたいてい地元のバスに乗るしかない。本数が少ないことが多く時間が大幅に削られるが、それでも行きたい。ちなみに今いちばん行きたい半島は、ポーランドの最北部でバルト海に向けて細長く突き出したヘル半島。先端にある街ヘルまで鉄道も走っているらしい。

大分県津久見市と佐伯市に属し、四国側に突き出た四浦半島は思い出深い半島の一つだ。その時私が乗ったバスは津久見駅発、臼津交通の間元線。バスは一時間以上かけて海のすぐ横の道路をぐにゃぐにゃと進むのだが、行き止まりの集落や海以外の三方を険しい山と森に囲まれた港にも寄って行く。半島の先端、終点の間元ではたった5分の停車だ。しかし波風激しい海の向こうにすごい風景が待っていた。防波堤のすぐ先に見える保戸島だ。険しい傾斜部に階段状に立ち並ぶ家屋があり、目を奪われる。

バスの運転手によると保戸島はこの間元港のほんの目の前にもかかわらず、港と直接行き来する船はないそうだ。続々とこの間元に集まる釣り人たちが島に上陸するのを防ぎ、静けさを守るためらしい。なるほど、防波堤の上には釣り人が立ち並んでいる。付近の海流はとても激しく、絶好の釣りスポットなのだそうだ。その話がとても面白く、相槌を打ちながら聴き続けていたら運転手さんが「あ、もう7分も過ぎとる」と言う。のんびりしたものだ。旅ならではのつかの間の触れ合いはやはり楽しい。

しかし保戸島の住民はどうやって本土側に渡るのだろう。半島の付け根からやや西に位置する津久見港と往復する船が出ている。港近くの津久見駅周辺に広がる市街地は、山側に向けて細長く広がる構造のためか、海のざわめきとは無縁の静かな空気に満ちている。穏やかな流れの津久見川を新港橋の上からのぞくと、きらきらと日光を反射する澄んだ水の中に鯉が泳いでいるのが見え驚いた。橋の欄干のデザインも面白く、陽が作る影が楽しい。

津久見市民図書館は、この津久見川と支流が分岐する辺りに建っている。川の対岸には寺があり目立っているので、一瞬そちらが図書館のように勘違いした。図書館の反り具合から、山に囲まれた狭い敷地内で川のカーブに合わせて建てられたことが見て取れる。館両端の円筒やガラス張りキューブがなかなかの自己アピール。入口横のスペースでは少年たちが川を眺めながら語らい、日なたぼっこする猫は私が近づいても逃げずに目を閉じたまま。のんびりしたひと時に、この街の日常を想う。

カーブが美しい津久見駅のホーム

底まで見通せる津久見川の清流

間元港から見た保戸島

交 JR 日豊本線津久見駅から徒歩 12 分
住 〒 879-2431 大分県津久見市大友町 5-15
開 日祝以外 10 時～ 19 時、日祝 10 時～ 18 時
休 月曜、最終木曜、年末年始
近 保戸島、津久見駅ホームのカーブ

延岡市駅前複合施設エンクロス図書コーナー（宮崎県）

2019年に吉野彰氏がノーベル化学賞を受賞した。氏が名誉フェローを務める旭化成は、宮崎県延岡市で創業された。彼の発言に「未来を考えるためには現在からではなく過去から見る」がある。趣旨はネットなどで参照いただきたいが、この思考法のヒントになったのが日本のヒット曲なのが面白い。渡辺真知子作詞作曲の「迷い道」だ。

渡辺はユーミンと同じく70年代から活躍する女性シンガーソングライターの草分け的アーティスト。この曲の歌詞の出だしが「現在、過去、未来」なのだ。吉野さんは時系列順に並んでいないことに着目したらしい。さてここからはこの曲をBGMにして、延岡市と私をめぐる現在、過去、未来のストーリーをつづりたいと思う。Spotifyなどでどうぞ。

【現在】吉野さんの受賞で延岡の名が何度も報道され行きたくなり、九州取材旅行ついでに初訪問することに。前泊地は大分市だが、JR日豊本線の佐伯延岡間は早朝と夜以外は特急しか走らない。高速バスを使うほうがより早く安く延岡に着けることがわかった。九州は高速バス王国なのだ。ただし市の中心部には行かず、街はずれのインターチェンジ入口で降ろされる。10分ほど歩いて別のバス停に向かい路線バスで市街地に行くことにした。その路線の時刻表を調べていて、ふと昔のことを思い出した。

【過去】十数年前、青森市で二度目の失業生活に突入し職業訓練を受けることにした。科目はウェブ系だ。ある時授業の一環で数人ずつに分かれてウェブサイトのサンプルを作り発表し合うことに。わがグループは全国各地のレアな祭りの特徴と交通アクセス方法を紹介するニッチなコンセプト。その時私がリサーチを担当した中に、延岡市から路線バスで一時間以上かかる山村の祭りがあった。

休館だった延岡市立図書館

こちらが図書室。2階建て

【未来】私がこれから乗ろうとしているのは、まさにその時調べたバス路線だった。なんという偶然。当時の私は物書きになりたかったがどうすれば良いかわからず、苛立っていた。そんな頃たまたま調べていたバスに乗って、今後の執筆のネタにするため延岡の街を訪れるのだ。この延岡で私の過去と未来がつながった気がした。不安だったあの頃の私よ、今はちゃんと物書きをやっているぞ。

五ヶ瀬川沿いのバス停で降り小雨が降る中ぶらぶらと街歩き。市立図書館は休館日だったがこの街にはもう一つ、カフェや書店、図書室にショップなどが延岡駅舎と合体した複合施設「エンクロス」がある。コンクリ打ちっ放しで大きな柱が立体格子状に交わる近未来的なデザインが目を引く。普通の図書館と同様の装備がされた図書室の資料は貸出をしていないが、誰でも閲覧でき、落ち着くソファもあり旅行者向けの本もたくさん所蔵している。室内でくつろぐ若者たちに交じって読書しつつ、この旅について何が書けるかなと物思いにふけるのだった。

畳を差し込んで堤防を強化する畳堤のお絵描き版

交 JR 日豊本線延岡駅直結
住 〒 882-0053 宮崎県延岡市幸町 3-4266-5
開 8 時～ 21 時
休 なし
近 延岡市立図書館、五ヶ瀬川沿いの畳堤

宮崎市立図書館（宮崎県）

宮崎市出身の作曲家と青森市在住のライターがポーランドの首都ワルシャワの郵便局で偶然出会う。最近流行りのやたら長い小説のタイトルみたいだが、ほんとうにそんなことがあった。

２０１４年晩秋のこと。私にとって初の海外取材で、約２週間かけてポーランドの主要都市を訪ね歩く旅だった。最終目的地はワルシャワで、着いた時には道中買い込んだり友人がくれたＣＤで荷物がぱんぱん。日本に送るため中央郵便局に行く。ところが全く勝手がわからない。どの窓口が受付なのかすら見当もつかず立ち尽くす。だがこの荷物を送らないと帰りの飛行機でオーバーバゲージになりそうなのだ。ポーランド語は片言しかできない。とりあえず英語が話せそうな人を局内で探すことにした。

すると目の前の椅子に座って手紙を書いているアジア人っぽい青年が目に入る。近づいてみると手紙はなんと日本語。すかさず声をかけた。その青年こそが、横山起朗さん。当時はワルシャワにピアノの勉強のため留学中で、近いうちに月刊音楽雑誌「ショパン」にエッセイも連載する予定だと言う。留学先はもちろん、ショパンコンクールで２位を獲得した反田恭平さんと同じ国立ショパン音楽大学。

この時横山さんが、自分は文章を書く人間なのだと自己紹介していなかったら一瞬の縁で終わっていたと思う。私も物書きだから彼に対して普通の出会い以上の興味を持ったのだ。その後、横山さんとは良好な関係が続いている。彼のアルバム「SHE WAS THE SEA」にウェブ公開限定のライナーノートを書かせていただいたりもした。

非常に繊細な彼の音楽はすばらしく、現代ならではのサウンドだと思うし個人的に愛聴もしている。だが何よりも共感をおぼえるのは、彼が故郷の宮崎市を拠点にするクリエイターだということ。私は自分が青森市在住のまま執筆業をしていることに誇りを持っている。故郷であるなしに関係なく、Uターンや I ターンで地方に拠点を移すクリエイターにも勝手に連帯感を感じてもいる。

ある年の冬、彼が住む宮崎市をようやく訪ねることができた。あいにくの土砂降りで着いたのもほぼ夜だったが、横山さんは「宮崎市立図書館に行ってみたい」という私のわがままを聞き、親切にも車で連れて行ってくださった。

図書館は高台にあった。円形の公園を取り囲む施設のうちの1つが図書館。数棟の建物を半円形の回廊がつなぐ美しい構造に心惹かれた。眼下には池もあるようだ。好天の日は絶景のはず。青森市より人口が10万強多い宮崎の街は雨の中でもにぎわってい た。その夜の宴はハイになった私の自分語りが止まらず、若い横山さんに聞き役を押しつけるダメ中年ぶり。図書館訪問と併せてやり直したいけれど、それだけ彼との再会が嬉しかったのだ。

ヤシの木が彩る宮崎駅前ロータリー

雨に濡れた夜の繁華街

大淀川を渡る列車の窓から見た朝焼け

交 JR 日豊本線南宮崎駅から徒歩 35 分
宮崎交通バス薫る坂または清武駅行き市民文化ホールバス停下車徒歩 3 分
住 〒 880-0930 宮崎県宮崎市花山手東 3-25-3
開 平日・土曜 9 時～ 19 時、日祝 9 時～ 17 時。子ども図書館＆ AV は毎日 17 時まで
休 火曜、年末年始
近 西橘通り（ニシタチ）、大淀川

指宿《いぶすき》市立山川図書館（鹿児島県）

鹿児島県指宿市にある西大山駅は、ＪＲ最南端の駅として国内外から多くの旅行者が訪れる観光名所になっている。同駅は長く「日本最南端の鉄道駅」とされていたが、沖縄県に沖縄都市モノレール線（愛称はゆいレール）が開通したので「ＪＲ」の限定条件がつくようになった。それでも訪問者は途絶えない。絶景というセールスポイントがあるからだ。開聞岳と広々とした畑をホームから一望する写真を、一度は見たことがあると思う。この駅が最南端でなかったとしても、名所になっていたはずだ。

では「本土」最南端の公共図書館はいったいどこなのだろう。ここで言う本土は離島航路整備法第2条第1項の「本州、北海道、四国及び九州」という定義を採った。沖縄を除外したのは「日本最南端」だとほぼ絶対に沖縄に決まってしまうからだ。他意はないのでその点はご了承ください。さて、栄えある本土最南端図書館に輝いたのは同じ指宿市にある山川図書館だ。錦江湾を挟んで東の、大隅半島にある南大隅町根占図書館と熾烈なデッドヒートを演じたが、山川に軍配が上がった。

この図書館は本土最南端というだけでなく、他にもいくつか挙げるべき特徴がある。まず「駅から徒歩で行ってはいけない」だ。地図アプリで調べるとＪＲ枕崎線山川駅から2キロちょっと。個人的には軽いハイキングとして歩いてもいい距離だと感じた。問題は道の高低差だ。アプリのデータを見ると丘の下にあるらしい。山川駅からのんびり下りながら図書館を訪ね、帰りはタクシーにしよう。

ところがおかしい。一向に下り坂がやってこない。ずっとゆるやかな上りが続くのだ。やがて坂はさらに厳しくなり急勾配に。訪れたのは初冬だったが汗が噴き出てきた。どうやらアプリで行きと帰りを逆

ほんとうは見えるはずの開聞岳。
想像で補おう

図書館のエントランス

に見ていたらしい。山川図書館は丘の下ではなく小さな山のてっぺんだった。だが上りきったあとにはすばらしい景色が待っていた。そう、ここは「絶景図書館」でもあるのだ。

周りは畑ばかりで遮るものがない。高台にあるため開聞岳をはじめ周辺の山の頂上が遠くに顔をのぞかせる。当日は少し天気が良くなく若干想像含みでイメージ補正したが、見たところ晴れの日は窓から開聞岳の美しい稜線が望めるはず。さぞ絶景だろう。最後にこの図書館のもう一つの特徴を。まだ数少ない市民ＮＰＯ運営の館なのだ。キャラ立ちすぎ。

帰りのタクシーの運転手さん曰く、周りの畑で作っているのはスナップエンドウなどの豆類。指宿は気温の日較差がほとんどないため、12月にそれらが採れる日本で唯一の場所だそう。かわりに桜の開花は遅く、東京と同時期になるのも特色だとのこと。お話を聴いて、桜の季節にこの街や図書館を訪ねてみたいと思った。ただし今度は絶対、行きにタクシーを使うぞ。みなさんも気をつけましょう。

西大山駅停車時に撮ってみました

交 JR 枕崎線山川駅から徒歩 30 分
鹿児島交通バスなのはな館～東大川線、イッシーバス川尻～なのはな館線山川高校前バス停から徒歩 10 分
住 〒 891-0516 鹿児島県指宿市山川成川 2685
開 平日 9 時～ 18 時 30 分、土日祝 9 時～ 17 時
休 月曜、第 4 水曜、年末年始
近 西大山駅、ヘルシーランド露天風呂たまて箱温泉

南さつま市立笠沙図書館（鹿児島県）

鹿児島県は2つの大きな半島を擁し南北いずれかの端っこにあるので、我が青森県と相似を成すと言える。それだけでなんとなく親しみを感じる。もっとも都会度では大きく水をあけられていて県庁所在地の人口は青森が28万人、一方の鹿児島市は約60万人。あちらから見れば青森市などただの片田舎かもしれない。

鹿児島市には過去に何度か滞在したことがあるが、ある時プランの都合で2泊することになった。2日目には何も予定がなく、おまけに同じホテルに連泊ではなかった。日中に部屋で惰眠をむさぼるわけにもいかないし、さりとて鹿児島市内で長く時間をつぶせるようなスポットを知っているわけでもない。さて困った。しかしそういう時こそ、なかなか行けなさそうな場所にある図書館を訪ねる旅がいい。なるべく往復の時間がかかりそうな館をピックアップしてみた。

そこで選ばれたのが南さつま市の笠沙図書館。鹿児島中央駅前バスターミナルからバスを乗り継いで約2時間半という立地だ。図書館は薩摩半島の北西側に突き出した部分のつけ根の辺り、玉林地区の河口に建つ公民館内にある。グーグルマップで見る限りでは、敷地内から海が見えそうなロケーションでもある。ちなみに、同じ南さつま市の坊津図書館も海の絶景で知られる館のようだ。

残念ながら当日は朝から雨が降っていたが予定通り出かけることに。中央駅からのバスを乗り換えるのは南さつま市中心部にある加世田バスセンター。その昔は鉄道駅だったところだ。ここからは本格的に自然と集落が織り成すローカルな車窓風景が続く。途中に通る海浜温泉では、第二次大戦時に日本陸軍最後の特攻基地だった万世飛行場の隊員たちが汗を流したという。日本有数の規模を誇る海岸砂丘の吹上浜南端にあたるし、万世特攻平和祈念館も見たかったのだが何しろバスの本数が少ない。笠沙に向かって引き続きバスに揺られるとする。

海が見えてくるに従い地形もアップダウンが激しくなる。ダイナミックな景観に心躍るが、雨もだんだん激しくなっているのが気にかかる。玉林地区公民館に着いた時にはもう土砂降り。公民館は河口の端に建っていて遮るものがなく、一階の図書館の窓からも少し海が見えた。川の対岸には細長い半島の姿も。

帰りのバスまでまだ1時間半ある。周りは住宅だけの集落だし図書館も図書室的スペース。時間つぶしには心許ない環境だ。雨が弱まるのを待ち外に出た。起伏の激しい道と時折強まる風雨になぶられつつ、北側に1時間ほど歩いてたどり着いたのが大当集落。山の斜面に広がる美しい石垣の里だ。海や複雑な海岸線も含め、晴れの日に見たくなる。鹿児島市への長い道のりを戻りながら再訪の日を想った。

海の向こうに見える大当集落

坂だらけの片浦集落

南さつま市立中央図書館。サッカーの大迫選手の故郷らしい

交 鹿児島交通バス加世田～野間池線、つわちゃんバスのまんたけ号玉林地区公民館前バス停からすぐ

住 〒897-1301 鹿児島県南さつま市笠沙町片浦 2347-6

開 9時～17時

休 水曜、年末年始

近 大当石垣郡の里、笠沙美術館

南城市立図書館佐敷分館（沖縄県）

沖縄は長い間、私の憧れの場所だった。何しろ行ったことがまだない。それに加えて、四方八方から入ってくる「海の絶景」情報。私は海を眺めるのが大好きなのだ。日本各地の美しい海を眺めては「なんてきれいなんだ。もう沖縄なんて要らない」と叫んでいたが、所詮空しく響くだけ。行ったことがないのだから。ただのひがみだった。

そんな私にもようやく沖縄訪問のチャンスがめぐってきた。ある年の12月後半のこと。行けるとなると今度はプラン作りの楽しみがやってくる。しかしいざ取り組み始めて愕然とした。沖縄本島はものすごく広い。それもそのはず、本土4島と北方領土をのぞくと沖縄本島は日本で最大の島だった。南北に長く、テレビやネットで見聞きしていた観光名所の数々は島内各地に分散している。

沖縄県に実際に行ってみて驚かされたのはバスの便利さだ。都会の那覇市内だけでなく、各地域の主要都市を結ぶ車両が次々とやってくる。それだけにバス路線網は緻密で複雑だ。地元の人たちは路線名ではなく路線番号で把握しているようだ。時々人に訊かないとわからないこともあったのだが、みなさん番号で教えてくださった。もっとも、自力でバスを便利に利用する術もきちんと整備されている。「のりものナビ」というサイトは沖縄旅行をする時の最強お役立ちツール。訪問前のプラン作りもここを使えばほぼ万全だ。

沖縄に行くまでの2年ほどの間、超がつく雨男の私には珍しく旅のほとんどが好天にめぐまれた。しかし記念すべき初の沖縄旅でとうとうその運も尽きたようだ。最後の日以外は雨だった。それはそれで良かったのかもしれない。沖縄特有の湿度の高い空気や、雨でも信じられないほど美しい海のブルーを

すぐ近くにはサトウキビ畑

探検したくなる建築シュガーホール

楽しめたから。そして晴れの日にまた来たいという気持ちのオマケつきだ。

　旅のついでにいくつか図書館を訪ねたが、今回ご紹介するのは本島南部の自治体、南城市の図書館佐敷分館だ。同市の市立図書館はいわゆる「本館」を設定せず全館が分館という形を採っている。佐敷分館があるのは県内名建築の一つに数えられる南城市文化センター「シュガーホール」内。中庭と円形野外劇場を兼ねた空間をぐるりと取り囲む、宮殿のような建物だ。名前にシュガーがつくのは周囲がサトウキビ畑だから。

　訪問したのは唯一晴れた最終日で、青空と畑の緑と壁の白が輝いていた。さらにホールすぐ裏は海なのだ。佐敷分館は小ぢんまりとして図書室の趣きだが、やはり郷土資料の多さが目につく。ここに限らず沖縄県内の図書館は郷土コーナーの割合がものすごく高い。現代史における諸問題と向き合う地域ならではだ。図書館には土地柄が如実に反映されるということを再確認した旅でもあった。

裏には南国な海が広がる

交 東陽バス 38・338 番線、南城市 N バス A1~A3 シュガーホール入口バス停から徒歩5分
住 〒 901-1403 沖縄県南城市佐敷佐敷 307 南城市文化センター・シュガーホール内
開 平日 9 時～ 18 時、土日祝 9 時～ 17 時
休 月曜、第 3 木曜、慰霊の日、尚巴志ハーフマラソン当日（11 月第 1 日曜）、年末年始
近 築島干潟、知念岬公園

あとがき

66の図書館をめぐる旅、いかがでしたか。図書館ウォーカーの実情はなかなかドタバタ喜劇っぽく、いざ図書館の前に立ってみたら休館日で呆然とか、猫ちゃんや気に入った風景の撮影につい時間を忘れ、数時間に一本しかない列車に乗り遅れそうなのを競歩状態でギリギリ間に合うなどトホホなエピソード満載だ。もし図書館ウォーカーという趣味がブームになったら、本書や旅の裏話を原作にして「孤独のグルメ」のような擬似ドキュメンタリー風ドラマを作って欲しいと思っている。

本書ではそうしたドタバタを含め、できるだけ「自分自身で見て感じた旅」のドキュメント感にこだわらせてもらった。天気や構図が決して良いとは言えない写真も数多く採用しているのは、テキストでつづった時の旅で実際に撮影したものだから。旅で撮った写真が掲載できるクオリティでない場合は、新しく撮り直すため再訪問の旅に出た。雨男なのでその再撮影旅も悪天候になったりしたが。どうしても都合がつかなかった青梅市立青梅中央図書館の2枚（086の下左、087の上）のみ、担当編集の児山政彦さんに以前私が撮ったものと同じアングルで撮り直していただいている。

青森県内の新聞連載がこうして本の形にまとまったのは、連載のコンセプトについて書いた私のｎｏｔｅ記事を児山さんが見つけ、書籍化を提案してくださったから。その慧眼、写真撮影協力も含め、的確できちんと寄り添ってくれるエディターぶりに心から感謝したい。彼なくして本書は存在しなかった。また怪談作家の高田公太さんにも厚く御礼申し上げたい。連載を持ちかけてくれたのは陸奥新報社の記者として働いていた頃の彼なのだ。最初の数回分を書き上げてすぐ絶賛メールが届き、作家としての厳しい目を持つ彼の期待に応えられたことがほんとうに嬉しかった。2代目担当記者一戸崇矢さんの真摯なサポートにも助けられ、連載は今も続いている。装丁の齊藤一絵さんは連載のロゴイラストを作ってくださっていて、書籍化の際もぜひご一緒したかった方。高田さんも齊藤さんも私も青森県内在住だ。これを機に、我が青森県や掲載紙の陸奥新報に興味を持っていただけたら嬉しい。

最後に。8年という中途半端なキャリアだったが、図書館勤務の経験はそれまでなんの資格も持たず採用試験を受けても落ちてばかりだった寄る辺ない私に「どこでも食べていける」という自信、つまり「手に職」を与えてくれた。本書は、私なりの図書館への恩返しのつもりだ。ここでとりあげた館だけでなく、ご近所館や図書館そのものに関心を持っていただけると望外の喜びです。さあ今日からあなたも図書館ウォーカー。自分なりの「旅のついでに図書館へ」を楽しんでください。

２０２２年11月

オラシオ

図書館Index

末尾に＊があるものはコラム内で紹介された図書館

本書は「陸奥新報」（陸奥新報社）に２０１９年11月より連載中の「図書館ウォーカー」から66編を選び加筆・修正、新たに写真、コラムを加えて単行本化したものです。

著者略歴

オラシオ（白尾嘉規）

ライター、エッセイスト。大阪育ち青森市在住。
2019年11月から陸奥新報で「図書館ウォーカー」を連載中。
旅先で訪ねた図書館は350以上。公共図書館員として8年間勤務経験あり。

「図書館へ行こう！！（洋泉社MOOK）」（洋泉社 2016）、「図書館徹底活用術」（寺尾隆監修 洋泉社 2017）に分担執筆や編集協力の形で関わる。
音楽の分野ではコンピレーションCD「ポーランド・ピアニズム」「ポーランド・リリシズム」（CORE PORT）選曲解説の他、ライナー執筆など多数。

noteフォロワー3.5万超（https://note.com/horacio）

図書館ウォーカー
―旅のついでに図書館へ

2023年 1月25日　第1刷発行
2023年10月25日　第2刷発行

著　　者／オラシオ
発 行 者／山下浩
発　　行／日外アソシエーツ株式会社
〒140-0013 東京都品川区南大井6-16-16 鈴中ビル大森アネックス
電話 (03)3763-5241（代表） FAX(03)3764-0845
URL　https://www.nichigai.co.jp/

組版処理／株式会社クリエイティブ・コンセプト
印刷・製本／シナノ印刷株式会社

《北越メヌエットハイホワイト使用》
ISBN978-4-8169-2952-6　　*Printed in Japan,2023*